OS NOVOS DESAFIOS DO CÉREBRO

Dr. Leandro Teles

OS NOVOS DESAFIOS DO CÉREBRO

TUDO O QUE VOCÊ PRECISA SABER PARA CUIDAR DA SAÚDE MENTAL NOS TEMPOS MODERNOS

EDITORA ALAÚDE

Copyright © 2020 Leandro Teles
Copyright desta edição © 2020 Alaúde Editorial Ltda.

Todos os direitos reservados. Nenhuma parte desta edição pode ser utilizada ou reproduzida – em qualquer meio ou forma, seja mecânico ou eletrônico –, nem apropriada ou estocada em sistema de banco de dados sem a expressa autorização da editora.

Este livro é uma obra de consulta e esclarecimento. As informações aqui contidas têm o objetivo de complementar, e não substituir, os tratamentos ou cuidados médicos. Elas não devem ser usadas para tratar doenças graves ou solucionar problemas de saúde sem a prévia consulta a um médico ou a um nutricionista. Uma vez que mudar hábitos envolve certos riscos, nem o autor nem a editora podem ser responsabilizados por quaisquer efeitos adversos ou consequências da aplicação do conteúdo deste livro sem orientação profissional.

O texto deste livro foi fixado conforme o acordo ortográfico vigente no Brasil desde 1º de janeiro de 2009.

Edição: Bia Nunes de Sousa
Revisão: Rosi Ribeiro Melo, Carolina Hidalgo Castelani
Capa: Amanda Cestaro
Projeto gráfico: Cesar Godoy

1ª edição 2020

Dados Internacionais de Catalogação na Publicação (CIP)
(Câmara Brasileira do Livro, SP, Brasil)

Teles, Leandro
Os novos desafios do cérebro : tudo o que você precisa saber para cuidar da saúde mental nos tempos modernos / Leandro Teles. -- 1. ed. -- São Paulo : Alaúde Editorial, 2020.

ISBN 978-65-86049-09-1

1. Ansiedade 2. Autoajuda 3. Autocuidados de saúde 4. Burnout (Psicologia) 5. Depressão 6. Esgotamento (Psicologia) 7. Saúde mental 8. Saúde mental - Diagnóstico I. Título.

20-39861 CDD-362.2

Índices para catálogo sistemático:
1. Saúde mental e cuidados : Bem-estar social 362.2
Maria Alice Ferreira - Bibliotecária - CRB-8/7964

2020
Alaúde Editorial Ltda.
Avenida Paulista, 1337, conjunto 11
São Paulo, SP, 01311-200
Tel.: (11) 3146-9700
www.alaude.com.br

SUMÁRIO

Apresentação 7

O velho cérebro e o novo mundo 13
O paradoxo da atenção 33
O limite da ansiedade 73
Tempo e energia, os cobertores curtos da atualidade 113
O que existe por trás do termo burnout? 151
Onde acaba a tristeza e começa a depressão? 183
As habilidades do futuro 215

Considerações finais 249
Agradecimentos 257
Sobre o autor 263

APRESENTAÇÃO

Chega mais, puxe uma cadeira e ajuste uma boa luz, bora conversar! Cá para nós, de *sapiens* para *sapiens*, o mundo não anda nada fácil! O tempo passa e seguimos nossa existência sofrida, e lá se vão mais de 200 mil anos de sobrevivência. Caramba, parece muito tempo, mas não é, não. Somos um filhote de espécie ainda, novatos na história do mundo e da evolução, mas já aprontamos tanto por aí que parece que estamos aqui desde sempre. Como é difícil deslumbrar algo nesse mundo de hoje que não tenha um dedo de humanidade. É curioso como a cada revolução tecnológica geramos uma onda de transformações e ajustes que se volta contra nós com novos problemas. O tempo passa e continuamos tendo que matar um leão por dia, ironia biológica. Nunca fomos os mais fortes, nem os mais rápidos, sequer enxergamos ou ouvimos muito melhor que a média, cadê nosso "pulo do gato" então?

Está dentro da nossa cabeça, sem sombra de dúvida. Carregamos acima do pescoço a estrutura natural mais potente na solução de problemas. Pausa realista... carregamos também o mais potente criador de problemas, sendo escravos das nossas próprias invenções. Outra ironia biológica, mudam os alvos, a dificuldade é perene. A gente resolve um problema e surge outro. Triste estabilidade da natureza, que se reequilibra e aumenta sua pressão sobre a supremacia de um bando. Já nos livramos dos predadores carnívoros (deixando de ser presas naturais), aprendemos a cultivar alimentos (deixando de ser coletores), criamos animais (abandonando a caça), dominamos o ato de cozinhar (extraindo muito mais energia por metro quadrado de comida), estocamos alimento (dominando a refrigeração), criamos nossa própria luz (e o Sol já pode se pôr em paz), enfim. Dizem que até já pisamos na Lua (somos novatos ousados).

Ficou fácil viver então? Não. Nunca pareceu tão difícil existir. A cada ferramenta nova desencadeamos um sem-número de problemas que outrora não tínhamos, seguimos desafiando a capacidade de adaptação da nossa mente. Padecemos por conflitos internos e externos, muitos desses reais, outros nem tanto. Bem-vindo à vida moderna, conheça e reflita comigo sobre os novos desafios do cérebro.

Esta obra visa ilustrar, pontuar e organizar alguns pontos da relação entre o cérebro humano e o mundo atual. O intuito é a reflexão com implicação prática, para que possamos atuar de forma reativa e preventiva na proteção da nossa saúde mental. A tarefa não é nada fácil, dado que nosso cérebro é cheio de caprichos, *bugs* e distorções. Os tempos de hoje também não ajudam, existe uma avalanche de âncoras, dificuldades e complicações sociais, profissionais, tecnológicas e ambientais. A junção de um cérebro peculiar com uma era também peculiar e complexa junta a fome com a vontade de comer, dá para entender como pode dar errado. Sofremos e manifestamos de forma emocional, física e intelectual as mazelas das frustrações e expectativas do confronto do

Apresentação

nosso velho cérebro com esse novo mundo, tema, aliás, do nosso primeiro capítulo a seguir.

A ideia aqui é destrinchar o tema de forma leve e abrangente, com linguagem direta e voltada ao público leigo, esquivando-se de termos excessivamente técnicos e buscando o entendimento conceitual acima da minúcia engessada da neurociência acadêmica. É um livro para todos, para curiosos, para quem gosta da neurologia do cotidiano, para quem busca compreender a si e aos outros e para quem quer, na medida do possível, navegar na faixa superior do seu potencial intelectual e emocional, apesar dos pesares. Passearemos juntos por uma série de questões absolutamente atuais e fundamentais para o enfrentamento do nosso dia a dia. Busco, com esta obra, gerar discussões, dúvidas, ampliar a percepção de saúde, melhorar o rastreamento de disfunções e difundir temas por vezes debatidos com pouca profundidade em materiais menos direcionados.

O tamanho da nossa missão é gigante, por isso focarei nos vilões mais relevantes, ciente de que nosso cérebro tem mais desafios do que pode caber nas páginas de um livro. Além disso, é fundamental que o leitor busque ativamente personalizar esses conceitos para sua realidade diária, fazendo dessa leitura uma forma de análise pessoal e de mudança de postura, retificando pensamentos equivocados e ratificando aqueles pertinentes.

A verdade é que estamos vivendo muito mais que antigamente, isso é inicialmente bom. No entanto, estamos enfrentando problemas que comprometem nossa qualidade de vida e a dos que nos cercam. Temos atualmente índices alarmantes de depressão, transtornos de ansiedade, distúrbios de sono, esgotamento profissional (burnout), abuso de substâncias etc. Vivemos com um custo emocional elevado, cruzando a tênue fronteira da saúde e apresentando cíclicas e evidentes fases de redução de *performance* cognitiva (intelectual) e emocional. Viver não pode ser só quantidade, precisamos debater nosso adoecimento coletivo e buscar abrandar mais esses predadores. Nossa sociedade tem alta taxa de queixa de memória e concentração, de sensação persistente de fadiga, de baixo engajamento emocional, vivemos em luta ou fuga, isso dá um grande trabalho. Hoje, mal toleramos o tédio, o silêncio, terceirizamos boa parte de nossa cognição a aparelhos portáteis e confiamos a eles nosso tempo e nosso prazer, sedimentando nossa existência em alicerces fracos, efêmeros e por muitas vezes virtuais. Nossa sociedade se transforma muito mais rapidamente do que nossa capacidade de adaptação, corremos atrás do prejuízo, sendo moídos pela própria caminhada. Vivemos uma crise de energia vital, tempo e recursos, os cobertores curtos da atualidade.

Meu amigo leitor, não se trata de uma obra alarmista, mas sim de um convite à evolução pessoal, à pauta positiva, à retomada da empatia, da autoestima, à construção de uma sociedade que se preocupa com o sofrimento evitável e com a saúde na sua concepção mais abrangente. Vamos juntos acender um holofote sobre os ajustes necessários da mente contemporânea, de forma a extrairmos o melhor para hoje e dispormos, no aqui e agora, da nossa melhor versão.

Optei aqui nesta obra por uma pegada ainda mais prática e multidisciplinar, trazendo, sempre que for viável, aspectos de história, antropologia, medicina, psicologia e neurociência, misturando tudo como se fosse uma salada da vida real. Como são ciências em construção, dotadas de verdades por vezes efêmeras e subjetivas, dou direito ao contraditório e à discordância, normal e saudável, sempre que abrimos frentes de discussão. Os capítulos

Apresentação

que se seguem abordam assuntos diversos, mas conversam frequentemente entre si, em uma retórica de idas e vindas, procurando um espiral ascendente na compreensão do nosso papel e dos nossos limites nessa existência, essa breve corrida de tiro curto, de explosão, um tipo de 100 "anos" rasos, na melhor das hipóteses. Como em toda salada, claro que o tempero fará mais diferença que os agentes principais. Aqui buscarei o humor, os relatos pessoais, a acidez na forma de contar, as citações, enfim, tudo que tem permeado meu trabalho nos últimos anos.

A ideia de falar sobre os desafios atuais do nosso cérebro surgiu de forma bastante natural e intuitiva. É um assunto que ferve em qualquer discussão sobre equilíbrio mental. Precisamos ter uma ideia do que se pode fazer conscientemente para melhorar e, principalmente, para não piorar, não atrapalhar a *performance* social, emocional, intelectual e física. Tempos difíceis exigem que desliguemos o piloto automático, que exerçamos ativamente o livre-arbítrio, tomando as rédeas do ambiente, do nosso comportamento, dos hábitos e de nossas influências. Somos frutos não só da nossa biologia, mas do nosso contexto, da nossa história e de nossas escolhas. Existem centenas de alças ativas de intervenção, de formas de ver, refletir e mudar, deixando a passividade de quem é fruto dos tempos, para a atividade de quem enfrenta a vida com o leme na mão.

Bom, se chegou até aqui, acredito fortemente que você figura no segundo grupo. Que esta obra seja mais uma de suas ferramentas, de construção de conhecimento de dentro para fora, que possamos seguir nossa vocação de *sapiens*, resolvendo problemas com a mente, criando outros tantos, até que um meteoro, uma gripe esquisita ou uma guerra nuclear resolva mudar o rumo da vida na Terra. Enquanto isso, sejamos sobreviventes, mas com elegância, altruísmo, coletividade e lucidez, fazendo dessa sociedade um lugar menos inóspito. Convite feito!

Existe uma frase, bastante clichê, aliás, que diz: "Mantenha amigos por perto, já os inimigos... ainda mais perto". Me valho desse ditado desgastado para concluir esse nosso primeiro contato. Tenha esses novos desafios do cérebro não só na cabeceira, nem só entre as mãos, mas na rotina e no seu poder de influenciar outras pessoas. Agora preciso seguir adiante, acelerar minha escrita! Até porque, se eu demorar muito, o mundo muda, e tudo que eu disse antes não terá a mesma validade. Te vejo na próxima página!

O VELHO CÉREBRO
E O NOVO MUNDO

Começaremos nossa caminhada com alguns conceitos básicos sobre o cérebro humano e sua evolução. Sou um grande apaixonado pelo tema, mas não tenho uma visão romântica do nosso cérebro. Busco sempre uma visão ponderada, lógica, biológica e racional, principalmente com relação às nossas limitações. E acho até que tenho um viés pessimista, uma vez que sou procurado, como neurologista, por muita gente que apresentou um *bug*, uma falha, uma variação, um transtorno, enfim, tenho uma vivência pautada nas coisas que não saíram como esperado. Mesmo assim, mantenho admiração e profundo respeito à mais complexa estrutura biológica conhecida, a mente do *sapiens*.

Nosso cérebro é um órgão dinâmico, em franco desenvolvimento durante toda a vida, mas o ritmo de transformação é mais acelerado e pronunciado nos primeiros anos, durante os quais o ganho de funções é visível, mensurável e absolutamente fantástico. A despeito de pesar apenas 1,5 quilo – o que equivale a cerca de 2% do nosso peso, considerando um adulto com cerca de 70 quilos –, nosso cérebro consome incríveis 20% a 25% da nossa energia, recebe um fluxo intenso de sangue e apresenta uma série de regalias biológicas não vistas em nenhum outro órgão do corpo. É ímpar, único, alocado na linha média. Possui um invólucro de osso quase completo, nosso crânio, além de uma camada de líquido amortecedor que o protege, na medida do possível, de traumas corriqueiros. Não por acaso, está ao alcance dos punhos, protegido pela guarda erguida de um bom pugilista. Seu sistema imunológico é próprio e selecionado, como um santuário parcialmente protegido de toxinas, inflamações e agentes infecciosos. Claro que nenhum sistema é perfeito, inviolável, mas não precisa ser nenhum gênio para perceber que nele jazem as estruturas mais nobres do corpo. A natureza protege sua cria evolutiva, a fonte da vida.

Mas dirão alguns que sim, que existe vida sem cérebro. Até pode ser verdade, mas não uma vida humana. A nossa vida está 100% no cérebro. Tanto que uma pessoa com o corpo vivo e o cérebro morto está morta, não viva. O conceito atual de vida na nossa espécie depende da função cerebral, tanto pelo critério biológico, da medicina, como pelo aspecto jurídico. Por isso, uma vez decretada a morte cerebral, o paciente torna-se candidato à doação de órgãos e os aparelhos de suporte à vida podem ser desligados, pois não há vida sem um cérebro vivo. Não vamos aqui discorrer sobre a morte cerebral – pois o que me interessa é justamente o contrário, é a vida cerebral –, mas não posso deixar de lado o pressuposto de que nosso cérebro é sinônimo da nossa vida, de que nosso corpo é fundamental para manter sua viabilidade, alimentar seus sensores e permitir sua interação com o mundo.

Como funciona?

Nosso cérebro funciona basicamente com entradas sensoriais e saídas motoras. Esse é um conceito bem simplista, mas suficiente para este texto introdutório. As entradas são nossas sensações, vindas dos nossos sentidos – visão, olfato, tato, paladar, audição –, fazendo uma leitura do mundo, ainda que limitada, uma vez que não temos sensores para tudo nem uma faixa muito ampla de sensibilidade. Além dessa entrada temos os sensores internos do corpo, que informam sobre aspectos do nosso funcionamento, como frequência cardíaca, taxa de CO_2 no sangue, pressão arterial, entre muitos outros parâmetros que nosso cérebro recebe sem que fiquemos sabendo conscientemente.

Aliás, a consciência é também fruto da atividade cerebral, que dá essa nossa impressão de unidade, de espectador que assiste ao palco dos acontecimentos, vendo uma fração do que é realmente vivenciado, fração essa guiada e filtrada pela nossa atenção. Muita coisa acontece na mente fora desse palco (em uma espécie de subsolo), interferindo também nas nossas escolhas e no nosso comportamento.

Além de sentir o mundo através das entradas sensoriais que mencionei antes, podemos intervir nessa realidade, modificando nossa história. A mente comanda o sistema motor, regulando a direção, sentido, força e propósito dos movimentos. Dou uma ordem aos meus dedos e, em alguns milissegundos, surge uma nova palavra na tela do computador. A magia da intervenção! Ao movimentar uma simples fibra muscular, gero energia cinética e a transfiro para o mundo. Posso escrever um poema ou disparar um míssil.

O sistema motor do ser humano é supercomplexo, mas o que nos importa aqui é saber que ele viabiliza não só os movimentos

Os novos desafios do cérebro

voluntários (caminhar, abraçar, falar, escrever, engolir, ver), mas também os involuntários, como a digestão e os batimentos cardíacos. O sistema nervoso também é responsável pelo controle hormonal, gerenciamento do ciclo sono-vigília (ciclo circadiano), ajustes na imunidade, controle de apetite, comportamento sexual etc.

Tudo isso, a grande maioria dos mamíferos faz relativamente bem. A primazia *sapiens* está entre a entrada (sensores) e a saída (movimento). Nosso cérebro é a sede dos pensamentos, das reflexões, das emoções e da famigerada tomada de decisões. É o lugar para raciocinar, ponderar, questionar, fixar informações, triar o que interessa e o que não interessa, resolver. Ele é quem veste as vivências com o figurino emocional, com roupa de compaixão, alegria, tristeza, frustração, angústia. O sistema é todo sinalizado e temperado para uma viagem vital e complexa. Somos capacitados para a percepção de nós mesmos e do outro, temos arsenal biológico para trocas afetivas, para projeção do futuro, para recordações seletivas e para recompensar ou punir as escolhas. A mágica está no meio, entre essas entradas e saídas, onde se alocam os processos cognitivos fascinantes, que ainda desafiam muito os neurocientistas.

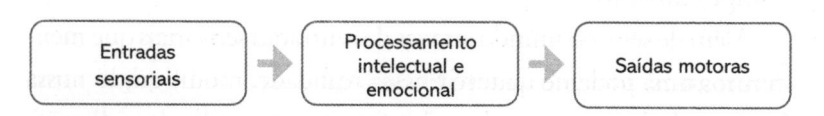

| Entradas sensoriais | → | Processamento intelectual e emocional | → | Saídas motoras |

Pobre cérebro! Carrega a vida nas costas do primeiro ao último suspiro. Nunca para, não descansa, carrega nossas expectativas, lembranças e culpas, por vezes em uma missão nem sempre muito clara. É ele quem sofre ou comemora ao final de cada partida. Se o cérebro parar, faz-se o silêncio biológico. Sem espectador, os sensores não têm para quem transmitir, não há movimento proposital, pensamento, emoção ou alma *sapiens*.

Um pintor pinta quadros com o cérebro, que guia suas mãos. Os apaixonados amam com a mente, que faz palpitar confuso o coração pela dose extra de adrenalina. São os neurônios que enterram os mortos, escolhem um deus, escolhem como passar o tempo, puxam um gatilho ou assopram uma vela. Toda a nossa humanidade pesa apenas 1,5 quilo, o resto é acessório de sobrevivência. O cérebro é maestro, e seu desarranjo gera vida sem andamento, desafinada, desconexa. Por tudo isso ele vale cada centavo biológico gasto, cada caloria dos 25% de energia vital empenhados para sustentar esses 2% de massa. Sua função o torna merecedor de proteção, vigilância e preservação. Se tem algo no nosso organismo que precisa de zeladoria, é o nosso cérebro, que não deve ser nem agredido nem esgotado. Nossa consciência, essa ponta de *iceberg* iluminada de propósito, precisa cuidar ativamente do resto, cultivando bons ciclos, bons hábitos, bons filtros, bons modos e bom senso.

Milhões x bilhões

Estima-se que tenhamos cerca de 86 bilhões de neurônios. Para termos uma ideia de quanto é isso, basta pensarmos que a população mundial é de cerca de 7 bilhões, o que é MUITA gente. Se nosso cérebro fosse um planeta, teria uma população mais que doze vezes maior que a da Terra.

Os neurônios são as células mais importantes do sistema nervoso, responsáveis pela recepção dos estímulos, pelo processamento mental e pela execução das reações. Eles se conectam de forma bastante exuberante, formando redes interligadas e setorizadas, com muita organização e dinâmica. A comunicação entre eles é chamada de sinapse, um espaço bem pequeno entre essas células onde ocorre a liberação dos neurotransmissores. É bem possível que você já tenha ouvido falar em alguns deles: serotonina, noradrenalina, dopamina, acetilcolina, entre outros. Acredita-se que existam trilhões de sinapses no cérebro humano! Um bocado. E para quem está fazendo as contas de quantos planetas seriam, eu já digo: mais de 142 Terras!

O cérebro humano é formado por vários níveis evolutivos, como se fosse uma casa construída a partir da fundação, depois com a estrutura e os acabamentos. A camada mais profunda forma o tronco cerebral e controla as funções vitais; é a parte mais antiga do ponto de vista da evolução. Existe uma parte intermediária, chamada sistema límbico, responsável pelo controle emocional e pela memória. Por fim, a parte mais superficial e mais nova evolutivamente, a qual é responsável pelo raciocínio consciente, pelo controle de impulsos e pelo gerenciamento intelectual, são os lobos frontais.

As áreas mais profundas e antigas do cérebro são parecidas, de certa forma, com as de outros mamíferos menos evoluídos. O que nos diferencia mais intensamente é essa região mais nova, relacionada ao pensamento reflexivo, simbólico e proposital. Somos campeões em número de neurônios corticais, aqueles que ficam na casquinha externa do cérebro. Isso demonstra que o desenvolvimento ocorre em torno do núcleo herdado de ancestrais comuns, mais rústico, antigo, instintivo e reflexo. É como se observássemos nossa evolução neurológica através das novas camadas de incremento de função e das novas hierarquias, mostrando o ganho progressivo em complexidade e controle relativo sobre as áreas mais profundas, que ainda são bastante poderosas e perigosas para a nossa espécie.

As diferentes áreas são como cérebros dentro do cérebro, ou seja, apresentam conflitos entre instinto e racionalidade, entre reflexos (mais rápidos, estereotipados, impulsivos, diretos e grosseiros) e reflexões (mais lentas, ponderadas, personalizadas, contextuais e flexíveis), e essa dicotomia é importante para compreendermos a mente e seus *bugs* na atualidade. É um cabo de guerra que pode se desencadear, por exemplo, em quadros de ansiedade, depressão, compulsões e esgotamento profissional. Falaremos mais sobre isso adiante.

Convidado de fim de festa

Vamos mudar um pouco o rumo da prosa. Estima-se que a Terra tenha 4,5 bilhões de anos; o universo, algo em torno de 13 bilhões de anos. Tudo o que conhecemos é formado por átomos, que formam moléculas. Até 3,8 bilhões de anos atrás, ao que se sabe, reinavam apenas a física e a química. Percebam que há muitos "bilhões" nessa conta, faz tempo pra caramba.

Mas eis que surge uma tal de VIDA, dando luz à biologia. De acordo com a teoria evolucionista, a vida foi se transformando segundo mutações aleatórias, prevalecendo e persistindo as formas mais adaptadas ao meio. Ocorreu um progressivo aumento de complexidade e variabilidade de seres vivos até que – rufem os tambores! – surgiram os humanos, ou o gênero *Homo*. E quando foi isso? Há cerca de 2,5 milhões de anos. Opa! Saímos da casa dos bilhões e caímos nos milhões. Esses seres mais antigos ainda não faziam parte da nossa espécie atual – *Homo sapiens* –, que se desenvolveu há apenas 200 mil anos. Mudamos de novo de ordem de grandeza: saímos dos milhões e caímos nos milhares de anos.

Perceba como, na festa da vida na Terra, somos convidados muito recentes. Em termos comparativos, é como se a vida no planeta tivesse 122 anos e a nossa espécie *sapiens*, apenas dois dias e meio. Mesmo com pouquíssimo tempo na festa, já alteramos bastante a decoração do salão, a relação entre os outros convidados, a programação do evento e as normas estabelecidas. O mundo é dinâmico mesmo, claro!, mas a velocidade de transformação da era *sapiens* é alucinante demais, até mesmo para seu próprio poder de adaptação.

Bom, então isso significa dizer que nosso cérebro é uma estrutura nova? Não necessariamente. Nossa *espécie* é nova, mas nosso *cérebro* não; ele alberga dentro de si toda a história da evolução, tem biologia de bilhões de anos impregnada no seu material genético e na sua estrutura, como já pontuamos brevemente antes. Nosso cérebro é velho, mas tem suas inovações. É como um novo computador que aproveita as tecnologias de seus antecessores ou um novo carro que traz melhorias, mas mantém soluções que deram certo em modelos mais antigos.

A história do gênero *Homo* é marcada por revoluções, fases de francos avanços tecnológicos e cognitivos e por uma capacidade incrível de transmitir tais avanços para seus contemporâneos e as futuras gerações. Isso faz toda a diferença; ficamos mais capacitados por termos conhecimento acumulado, viabilizando o incremento tecnológico. O cérebro, propriamente dito, evolui a passos lentos: é provável que seja bem parecido com o dos primeiros *sapiens* de duzentos mil anos atrás, mas sua capacidade aumentou exponencialmente. Isso decorre de nossa habilidade de desenvolver soluções e comunicá-las, com uma linguagem sofisticada, codificada, propiciando o ensino, a cultura e a cooperação.

O velho cérebro e o novo mundo

Assim caminha a humanidade, e a passos largos e perigosos. Conseguimos uma vantagem biológica desleal frente às outras espécies, subvertemos a velocidade de transformação da natureza, criando um mundo com pesada e acelerada evolução tecnológica. Ou seja, alteramos as regras do jogo.

A atual supremacia no planeta é fruto também da nossa capacidade de cooperar em prol de um objetivo comum; um agrupamento *sapiens* articulado e obediente é uma estrutura forte. Criamos leis, religiões e moedas, fundamos cidades e times de futebol, montamos exércitos, inventamos idiomas e bandeiras, tudo para encaixar as tarefas e os interesses do grupo. Coisa de *sapiens*... Imagine se o meu cachorro vai se dar a esse trabalho todo!*

Vamos refletir brevemente sobre nossas revoluções cognitivas e tecnológicas. Ficamos em pé e desenvolvemos nosso lendário polegar opositor, que nos possibilita agarrar e manipular objetos. Por volta de 2,5 milhões de anos atrás, nossos ancestrais começaram a produzir e manipular ferramentas na Idade da Pedra. Há cerca de 1,5 milhão de anos, dominamos o fogo, uma grande conquista que trouxe luz, calor e a possibilidade de cozinhar. A linguagem mais refinada e fictícia surgiu por volta de 70 mil anos atrás. A agricultura foi uma conquista bem mais recente, coisa de 10 mil anos atrás, revolucionando o modo de vida, seguida pela pecuária e a domesticação de animais. Deixamos de ser caçadores-coletores e nos fixamos. Se por um lado resolvemos a questão da busca por alimentos, por outro lado a falta de migração levou às atribuições profissionais, ao conceito de propriedade, à

---

* Esse conceito de organização social para composição de grupos é bastante debatido nas obras do historiador Yuval Noah Harari, autor de *Sapiens*.

interdependência e à progressiva perda de autonomia individual. Há 5 mil anos, desenvolvemos a escrita, criamos reinos (grupos maiores com ideologia partilhada) e um conceito rudimentar de moeda. Surge o princípio básico da fé organizada em religiões, inicialmente politeístas.

Essa evolução frenética dos últimos duzentos mil anos, insisto, não se deu por obra de um cérebro mais inteligente, mas pelo acúmulo de informações, conceitos e tecnologias recebidos de gerações anteriores, o que elevou a complexidade das relações humanas e viabilizou a organização de grandes bandos, algo bastante raro no mundo dos mamíferos naturais, que tendem a formar bandos de apenas algumas dezenas de indivíduos em torno de líderes alfa.

Então, nos últimos 2.500 anos, surgem o budismo, o cristianismo, o islamismo. O capitalismo toma conta dos últimos quinhentos anos com seu conceito de propriedade privada, meios de produção e lucro, junto à revolução científica e à globalização, iniciada com a conquista dos mares e oceanos. Nos últimos duzentos anos, passamos por uma sequência de revoluções industriais, e as máquinas ampliaram imensamente o rendimento do trabalho. Essas máquinas inicialmente eram controladas por seres humanos, depois foram automatizadas. A tecnologia avança e passa a caber no bolso, temos potentes computadores e passamos a terceirizar nossa cognição. O mundo fica muito diferente, desmatamentos, extinção de espécies, problemas ambientais. Somos sete bilhões de humanos lutando por sobrevivência em um mundo engessado por regras criadas por nós mesmos, por problemas de espaço, lixo, mobilidade, saúde e segurança. Cercados de concreto, acelerados, desconfiados, seguimos nossa luta diária para nos adaptar, com velocidade e custos. Bem-vindos aos dias de hoje.

Esse resumo dos últimos 2,5 milhões de anos mostra como, a cada inovação, surgem novas ondas de transformação, cada vez mais amplas, rápidas e desumanas. Claro, pois o homem passa a ter cada vez mais recursos e poder, transformando o mundo com ferramentas cada vez mais perigosas. Se o primeiro *sapiens* tinha um machado na mão, hoje são dezenas com acesso a um botão nuclear. A cada problema resolvido, outros tantos são criados.

Retomo aqui o início do nosso capítulo: temos um velho cérebro, evoluído na toada natural da biologia. Esse cérebro conquistou ferramentas linguísticas, sociais e de intervenção ambiental e alterou o mundo ao seu redor, em um ritmo não natural, rápido e agressivo. Eis então o cenário atual: um cérebro antigo em um mundo novo profundamente alterado pela própria humanidade. Entender os nossos novos desafios será o escopo desta nossa obra.

Mas antes, vamos refletir sobre mais um conceito importante para essa discussão.

Lugar de *sapiens* é na cozinha

O trabalho da neurocientista brasileira Suzana Herculano-Houzel apresenta alguns pontos bastante interessantes sobre o desenvolvimento do cérebro humano. Além da sua contribuição valiosa na contagem de neurônios, estimando-os em 86 bilhões através de uma criativa técnica que faz uma espécie de "sopa de cérebro" para viabilizar a contagem, ela também compilou dados que sugerem que o momento de disparo evolutivo cerebral se deu por uma razão específica e pouco intuitiva em um primeiro momento, olhem só.

Os novos desafios do cérebro

A evolução vinha firme e forte. Tínhamos um crescimento progressivo do cérebro com um aumento lento e regular do córtex (a casquinha mais moderna). Eis que, há cerca de 1,5 milhão de anos, tivemos uma guinada, uma velocidade de progressão cerebral maior. E o que viabilizou essa evolução mais rápida e perceptível? O fogo. São dessa época as evidências de certo domínio do fogo e de outras formas de processamento alimentar.

Do ponto de vista biológico, o cérebro humano é uma estrutura cara, pois, como dissemos, 2% do peso do nosso corpo consome 25% da energia que obtemos através dos alimentos. Essa conta gera um conflito energético para a evolução. Cada crescimento cerebral, principalmente de áreas muito ativas como o córtex, precisou ser compensado com o aumento da capacidade de caça e alimentação. Mas sustentar um cérebro maior e mais ativo exige muito mais tempo em busca de comida e muito mais tempo comendo, mastigando e tentando extrair energia de alimentos crus, por natureza duros, fibrosos e de difícil digestão. O fator tempo complica mais ainda essa equação: nenhum organismo consegue ficar toda hora caçando, comendo e mastigando, porque precisa dormir, se proteger, se movimentar, acasalar, se organizar no ambiente etc. Aos poucos, surge então uma inovação exclusiva dos humanos que pode resolver esse problema: a capacidade de cozinhar.

Trabalhar o alimento fora do corpo pode ter sido um grande divisor de águas, pois trouxe a solução energética necessária para um cérebro robusto e ativo e permitiu a expansão de regiões peculiares relacionadas à linguagem, racionalidade, abstração, entre outras. Um alimento aquecido, cortado e processado facilita muito a mastigação e a obtenção de calorias. Essa solução decorreu do controle do calor (incluindo o fogo), mas também da capacidade de moer, cortar e triturar os alimentos. Posteriormente, a capacidade de tornar o alimento cada vez mais palatável e a possibilidade de armazená-lo por mais tempo também trouxeram vantagens evolutivas, e aí o controle do frio foi essencial.

Ter um polegar opositor ajuda, mas o encéfalo precisou resolver a equação energética para seguir seu desenvolvimento. Hoje vivemos um paradoxo dessa realidade: aprendemos a cozinhar, estocar, congelar, descongelar, temperar e apresentar, mas também criamos alimentos cada vez mais saborosos e hipercalóricos. O resultado é que sofremos com as mazelas da obesidade e do sobrepeso. Nosso velho cérebro manteve sua avidez por carboidratos e gorduras (antigamente mais raros e importantes em uma alimentação selvagem), mas hoje o novo mundo sofre com uma *overdose* calórica, fruto de uma alimentação mais industrializada, gordurosa e açucarada. Bastam alguns cliques no celular para a comida ser entregue já "caçada", cortada, assada, temperada e com mais energia do que precisaremos em 24 horas. Corrigimos um problema, criamos outro. A matemática do excesso alimentar com redução da atividade física nos é bastante desfavorável. Com isso, recorremos a dietas, optamos por alimentos crus como saladinhas e voltamos ao começo de tudo, quando ainda não dominávamos o fogo. Olhem só que ironia biológica.

O cérebro e a evolução humana

A mente humana tem uma história realmente fantástica, que pode ser compreendida sob vários pontos de vista. Por exemplo, o fato de ter se desenvolvido tão mais rapidamente do que a de outras espécies, tomando a dianteira na corrida pela *performance* intelectual. Sempre me pergunto como é possível não existirem mais espécies intermediárias entre o *Homo sapiens* e nossos antepassados.

Uma das hipóteses é que tenhamos exterminado nossos concorrentes do gênero *Homo* e tudo bem, pode ser verdade, mas não vemos nenhum braço de outros gêneros e espécies com uma evolução parecida. Claro que existem animais com expressão inequívoca de inteligência, que dominam alguma forma de linguagem e comunicação, que aprendem truques e surpreendem cientistas com alguma abstração e compreensão de estado emocional, mas ainda parecem formas distantes do que vemos no cérebro do ser humano. Seríamos nós um ponto absolutamente fora da curva da evolução? Não é uma questão fácil de responder.

Viramos bípedes, liberamos os braços e desenvolvemos uma grande habilidade manual. Aprendemos a influenciar a natureza e a construir ferramentas rudimentares. Desenvolvemos um cabeção pesado e caro do ponto de vista biológico, o que só foi possível com a manipulação do alimento fora do corpo, com o cozimento. Com isso, ganhamos tempo. Sem ter que caçar e comer o dia todo, conseguimos ruminar ideias e testá-las.

Nossa cabeça aumentou às custas de alguma perda de massa muscular, o que só poderia dar certo se, no reino animal, valesse a pena ser mais inteligente do que forte. Isso é verdade nos dias de hoje, mas não se aplica ao *Homo* de milhões de anos atrás, para quem músculos valiam mais que neurônios.

Aliás, essa cabeça dura e desproporcional ao corpo causou outro problema: como nascer? O parto do ser humano é complicadinho justamente por causa da cabeça, o que levou a natureza a evoluir para uma solução não convencional: o parto prematuro. Se você observar um bebê humano, parece que ele nasce um pouco antes da hora. Um recém-nascido é absolutamente desprotegido e tem motricidade bem rudimentar e reflexa; boa parte de seu desenvolvimento cerebral é complementado fora do útero, nos fantásticos primeiros anos de vida. Claro que todo animal dá luz a um bebê ainda em desenvolvimento, mas quando vemos um bezerro recém-nascido, um cachorrinho, um potro, nota-se que eles nascem em um grau mais avançado no desenvolvimento motor e sensitivo; alguns até já conseguem caminhar.

Percebe como as coisas se interligam? Um bebê humano é mais frágil do que outros animais, demanda mais cuidado, o que gera a necessidade de um trabalho familiar, com divisão de tarefas e cooperação, e isso tudo é mais um estímulo à socialização.

Seja como for, em diversos momentos da evolução, nosso cérebro encontrou condições favoráveis a seu desenvolvimento, e sua progressão levou à vitória da cognição sobre a força e à supremacia da cooperação de grandes grupos sobre a atividade de pequenos bandos. Nossa espécie passou de um coadjuvante que vivia se escondendo e comendo sobras de outros animais a grande protagonista do planeta. Tudo isso só foi possível com a transmissão e posse de muita informação, além do domínio tecnológico e controle de materiais.

O ponto-chave é que a história do homem não seguiu linearmente. A evolução intelectual apresenta saltos, e cada nova função gera uma quebra de paradigma. Aí está a beleza do processo. É como esquentar a água: de grau em grau, ela vai ficando cada vez mais quente; eis que, ao atingir por volta de 100 °C, quebra-se um paradigma! A água muda de estado físico, vira vapor e se lança ao universo. Perceba que o incremento de poucos graus em um ponto do aquecimento pode gerar uma transformação exuberante, vencendo a pressão atmosférica. O mesmo ocorre na nossa evolução. Um ganho de capacidade, viabilizado pelas elegantes soluções que citamos, pode gerar uma mudança intensa do estado mental, um melhor controle do meio, mais poder de adaptação e uma supremacia poderosa, rápida e perigosa. Acho que esse salto qualitativo é o que explica a diferença entre a gente e as outras espécies. Mas também acredito que minha arrogância humana superestime um pouco o tamanho dessa diferença.

A nossa mente não tem nada de sobrenatural. Somos resultado das nossas oportunidades evolutivas. Nosso cérebro é um item da natureza que sofreu pressões e seleções contextuais ao longo de milhões de anos, que se moldou aos trancos e barrancos, e se tornou nesse aqui e nesse agora um destaque da adaptação. Hoje não consigo enfrentar nenhum grande mamífero mano a mano, mas não preciso. Abdiquei do excesso de músculos, da velocidade, dos pelos protetores e dos dentes mais afiados e cortantes em prol de uma massa cinzenta peculiar, retorcida, extensa e reflexiva, capaz de acumular artifícios que fazem grande parte do trabalho por mim.

Criamos motivações coletivas, sistemas em que muitos dançam a mesma música, seguem as mesmas crenças e cooperam, em nome de um povo, sob um escudo, um brasão, uma santidade ou uma nota de papel-moeda. Acredite, nossos tempos são a nova selva, com ritmo, regras, necessidades e limitações próprias deste período. Temos regalias e facilidades? Sem dúvida, mas também criamos um ambiente ainda muito propício ao adoecimento, onde o homem é o lobo do homem, como diriam Plauto e Hobbes, e é também o lobo do mundo.

O velho cérebro e o novo mundo

Este não é um livro de antropologia nem de evolução das espécies, mas o papo precisava começar nesse clima para que a gente pudesse entender de onde vem a postura do nosso cérebro diante das questões modernas. Aliás, adoro esse termo, "moderno". Foi cunhado no final do século XIX e utilizado em tempos nada atuais. Se pensarmos que o Modernismo é um movimento artístico que tem quase cem anos, e que o filme *Tempos modernos*, de Charles Chaplin, foi lançado em 1936, o termo "moderno" é tão antigo que já está ficando retrô. Isso mostra que, na verdade, o moderno caminha ao lado do contemporâneo, do tempo vigente, do novo, do fresco, do que se opõe ou rompe com a estética patente. Nosso tempo só é dito "moderno" porque vivemos nele, mas sinto que ainda somos meio antigos, imaturos, toscos, inacabados; que buscamos uma reinvenção social. Ainda sentiremos vergonha da sociedade dos dias de hoje e falaremos: "Nossa, como a gente era atrasado, não dá nem para acreditar". Assim espero.

Então, o motivo dessa conversa sobre evolução é porque somente conhecendo a história é que podemos compreender as escolhas e decisões do nosso cérebro, suas prioridades e seu modo de agir. O enredo dessa história, mesmo romanceado e certamente um pouco impreciso, clareia nossa percepção e nos faz refletir sobre quantos e quais cérebros há dentro de nós. Só por meio desse conhecimento podemos compreender o furo na dieta, a necessidade dos ciclos de sono e vigília, a complexidade bagunçada do nosso cérebro social, nossa necessidade de aceitação, a busca pelo prazer efêmero, os fenômenos de compulsão, as respostas amplificadas do medo etc.

Grande parte dos nossos problemas atuais é fruto da transformação ambiental. Nosso cérebro foi treinado em cavernas e savanas, mas hoje vive em escritórios capitalistas. Aprendemos as regras da natureza (cruéis, mas relativamente estáveis), mas vivemos sob as regras inventadas pelo ser humano, instáveis, dinâmicas e imprecisas. Estragamos tudo, então? Não acredito nisso. Nossa vida era bem complicada antes também, correndo pelados atrás do alimento, comendo batata crua, sem sal e contaminada (santo fogo que aquece, amolece e esteriliza). Que falta devia fazer uma dipirona em uma crise de dor de cabeça, um ventilador nas noites de verão, uma água gelada, roupa de cama, uma barra de chocolate ou algumas horas passadas no joguinho de celular. Morríamos cedo, muitas vezes de forma traumática, não éramos páreo para felinos fortões, lobos, ursos ou grandes primatas. Ficávamos com os restos, primatas magrelos, desengonçados, de cabeça grande. Um dia essa cabeça faria diferença. Demorou milhões de anos, tudo bem, mas mudamos a história do mundo, com um baita custo para a natureza, aliás. É como o adolescente que sofre *bullying* e depois de adulto se torna o chefe dos seus antigos intimidadores. Todo poder é contextual.

Nossas revoluções foram necessárias e até bem-intencionadas. Elevamos nossa força, nossa moral biológica, montamos exércitos, dominamos nosso alimento, trancafiamos nossos predadores, obtivemos o poder outrora tão desejado. Mas no fundo ainda temos um cérebro natural de um primata classe média ascendente, com oscilações na autoestima; com angústias e questionamentos sobre as próprias criações; com medo das sombras, das doenças e da morte inevitável; com dúvidas quanto ao sentido da vida; com necessidade de afirmação e validação. Somos impulsivos, tensos e ansiosos, por vezes não temos ânimo nem para amarrar o sapato. Somos limitados, arrogantes, ora cheios de si, ora ausentes de si. Estamos envoltos por um mundo

O velho cérebro e o novo mundo

frenético e profundamente esquisito, de valores contraditórios e assimetrias sociais, com um grau exacerbado de expectativa e cobrança, e, como não poderia ser diferente, frustrante.

A história devolve com êxito nossa humildade. Somos seres da natureza, nosso cérebro tem genética de outros tempos, nasceu no modelo *Homo sapiens*, duzentos mil anos atrás. Só conhece o mundo moderno recentemente, depois da Revolução Industrial, quando passamos a trocar tempo por dinheiro, há não mais de duzentos anos. Há cinco ou dez mil anos, éramos pastores e agricultores; antes disso, caçadores e coletores nômades. Talvez por isso a gravata e o salto alto não nos caiam tão bem.

Já deu para perceber que este livro não vem para massagear nosso ego nem para agradar nosso cantinho narcisista da mente. Vem para que tenhamos visão, ou pelo menos noção, das nossas vulnerabilidades, procurando explicar um pouco da nossa inquietude diante do cenário atual, para que não pareçamos uma criança mimada reclamando de um mundo razoavelmente bom para nossa espécie. Temos potencial, podemos dar comandos menos instintivos e mais racionais, assumindo, para começar a conversa, a nossa responsabilidade nesse topo da cadeia alimentar. Podemos fazer melhor, para nós, nossos grupos, nosso povo e nosso mundo, mas para isso precisamos estabelecer novos filtros, limites, critérios e formas de pensar e agir. Será uma tarefa fácil? Com toda certeza não.

Os novos desafios do cérebro

PONTOS IMPORTANTES DESTE CAPÍTULO

- O cérebro humano é uma estrutura complexa, biologicamente cara e cheio de regalias dentro do corpo.
- Entre as funções cerebrais estão a percepção de si e do entorno, os pensamentos e as reflexões, o controle emocional e a intervenção no espaço.
- O conceito de vida no ser humano é estritamente ligado à viabilidade cerebral.
- A evolução do cérebro humano explica, em parte, suas prioridades e seu modo de agir atual.
- O cérebro evolui lentamente, mas o mundo é transformado por ele rapidamente, exigindo constante adaptação.
- Nossa habilidade de cozinhar resolveu a equação da necessidade de energia e nos deu tempo livre para pensar e criar.
- A supremacia da humanidade na cadeia alimentar dependeu da capacidade de acumular e transmitir inovações, além do complexo desenvolvimento social com a capacidade de criar grandes grupos.
- Resolvemos problemas, mas criamos outros.

O PARADOXO DA ATENÇÃO

Ontem acordei bem cedo, devia ser proibido isso. Liguei a cafeteira de casa e entrei no banho. Pensando neste livro, lavei o rosto com o detergente de pincéis de maquiagem da minha esposa. Quem inventou esse frasco igualzinho ao do sabonete líquido? Tomara que não dê reação alérgica. E o que é que esse frasco estava fazendo dentro do box do chuveiro? Segui reclamando mentalmente. Me vesti, peguei a carteira e o celular, entrei no elevador e peguei o carro. Lembrei do café! Tarde demais. Segui o trajeto para o consultório, esse não tem erro. Atendi cinco pacientes pela manhã, três com queixas de concentração, contextos bem diferentes entre si. Olho para os pés na hora do almoço, uma meia de cada cor. Não é possível!

Vivemos tempos desatentos. A capacidade de prestar atenção é a modalidade intelectual mais requisitada no dia a dia e é a que mais nos deixa na mão. Muitas vezes, nosso cérebro não tem os requisitos básicos para fazer boas escolhas, não raro ficamos com o joio, perdemos o trigo. Sem atenção, não temos memória nem criatividade. Cometemos diversos erros e comprometemos nosso rendimento mental. Desatentos, gastamos o que não temos, tempo ou energia, fazemos dobrado, remendamos, tentamos minimizar o prejuízo.

Ao falar de atenção, falamos de um poderoso sistema de filtro, que visa apresentar à consciência o melhor estímulo ou pensamento vigente no momento. De tudo que nos bombardeia a cada segundo, escolhe-se o que tem de melhor, de acordo com o contexto e com nossos interesses. É como se nossa consciência fosse um telespectador, e a atenção fosse responsável por selecionar o que assistir naquele momento. O que estiver na programação, mas fora do canal sintonizado, não será percebido ou processado. É uma forma de canalização de percepção, por isso escolher um estímulo é "desescolher" outros. Se escolho assistir à novela, não posso assistir ao noticiário. Atentar é em parte abrir mão, deixar passar, uma vez que para sustentar uma atividade ou pensamento é preciso resistir à tentação de desviar, de abrir outra aba mental. É um processamento mais complicado e nobre do que parece em um primeiro momento.

Para essa missão dinâmica dispomos de grandes áreas do córtex frontal e parietal, regiões potentes, relativamente novas na evolução e gastadoras de energia. Ou seja, é uma função crítica e biologicamente relevante. Não é uma questão apenas de escolher, e sim de bancar essa escolha. O mundo nos atinge constantemente através de nossos receptores. Além disso, somos dotados de livre-arbítrio para nos movimentar e alterar cenários, ruídos, odores e outros estímulos. Olhe para a direita, note objetos e detalhes, perceba os pensamentos que surgem. Agora olhe para a esquerda: aparece um novo cenário, um novo mundo se apresenta no palco da atenção, novos pensamentos vêm à mente. Perceba que, a um comando dado pelo seu cérebro, sua atenção alternou três contextos que já estavam disponíveis ao seu redor. Você migrou do livro para a cena do lado direito, depois para a cena do lado esquerdo.

O paradoxo da atenção

A atenção é um canhão de luz, como aqueles de teatro, que ilumina um trecho do grande cenário da vida. Ela traz protagonismo a um recorte do tempo presente e o mostra para o espectador consciente. O que não é iluminado fica temporariamente fora do quadro. Percebam a responsabilidade desse sistema, uma vez que nossos interesses variam e que nosso mundo nos oferece infinitas oportunidades de direcionamento e empenho do nosso tempo e esforço consciente. Eis aí o grande conflito da atualidade.

Atentar é escolher, escolher é perder. Se já é difícil abrir a geladeira e escolher entre duas frutas para o lanche, imagine estar diante da vitrine da melhor doceria da cidade, com opções de todos os tipos e sabores. Nosso cérebro é bombardeado por um mundo modificado, propositalmente estimulante e tentador. Escolhemos a duras penas, com gasto intenso de energia, sentindo a perene frustração de que nossas decisões poderiam ter sido melhores, de que o tempo se esvai sem que consigamos melhorar nosso engajamento. Fazemos de tudo, mas parece que nada rende como deveria. Tentamos a todo momento burlar o sistema, dividindo nossa atenção, rifando rendimento e esgotando o sistema.

Ajudar sua consciência a escolher o melhor canal no tempo presente é o pontapé inicial para um melhor desempenho intelectual e emocional. Mas preciso alertar que o buraco é ainda mais embaixo, a missão é ainda mais complicada, pois, além dos estímulos externos, temos outros competidores brigando pela nossa atenção: estou falando de pensamentos, memórias, reflexões. Nosso poder de abstração, ponderação e raciocínio também disputa uma parcela do nosso empenho consciente. Deixar-se levar por um pensamento, uma lembrança ou um devaneio nos distrai, nos tira do momento presente. Ou seja, há canais internos competindo com os sensores externos pelo foco do nosso canhão de luz, da nossa atenção. Dentro da nossa analogia, é como escolher um canal entre as opções da TV aberta e mais um sem-número de variedades da TV a cabo.

A atenção é a capacidade de manter um estímulo, um pensamento ou uma tarefa no foco da consciência. É filtrar o mundo e a mente, mantendo empenho intelectual em algo determinado. Os competidores pelo seu foco são tanto externos (ambientais) como internos (reflexões). Quem nunca se pegou viajando em um pensamento que te levou para longe, te desconectando do ambiente? Isso acontece com muita frequência. Estamos lendo um livro, por exemplo, eis que encadeamos um pensamento e seguimos lendo de forma automática, sem prestar atenção. Quando percebemos, lá se foi uma página inteira sem entendimento e fixação, temos que voltar e ler novamente. Ou divagamos enquanto estamos dirigindo e acabamos fazendo o caminho errado, geralmente seguindo de forma automática para um destino mais habitual.

Nesses exemplos, a mente vagou e o corpo seguiu em piloto automático, lendo ou dirigindo de forma padronizada e sem fixação de memória ou propósito consciente. Isso pode ocorrer em provas, conversas, no trabalho etc. Pensamentos ou estímulos concorrentes levam à distração. Atenção dividida é um conceito utópico, não existe. Uma das atividades sempre estará no centro da consciência e as outras paralelas, automáticas, serão feitas com algum desleixo e descaso, são apenas coadjuvantes.

O que sabemos até agora sobre a atenção? Bom, sabemos que não é uma tarefa passiva, é uma função ativa e poderosa do cérebro, que consome tempo e energia e é sujeita a falhas. É um direcionamento da consciência para uma ocorrência principal, que pode ser um evento do mundo real (externo) ou mental (interno). Esse sistema de triagem tem três funções principais:

O paradoxo da atenção

DIRIGIR A ATENÇÃO

A missão número 1 é orientar a atenção para o melhor lugar. Muita gente é excelente em direcionar a atenção, mas peca em sustentá-la. Esta primeira função de seleção pode ser automática (menos consciente) ou voluntária (mais consciente), e entender isso é de suma importância para que você consiga fazer uma intervenção. Se estiver no piloto automático, o cérebro escolherá estímulos mais intensos, curiosos, sedutores ou que dão prazer mais rapidamente (*feedback* positivo). Esses estímulos nem sempre são os mais adequados para sua missão. Neste caso, você precisa desenvolver a capacidade de dirigir o canhão da atenção de forma consciente, de propósito, treinando seu cérebro a apontar para aquilo que fará diferença, mesmo que não seja algo tão tentador, sedutor, intenso ou com recompensa no curto prazo.

SUSTENTAR A ATENÇÃO

A missão número 2 é manter a atenção por tempo suficiente. Dirigir o foco de luz para um ator em uma peça é dar-lhe protagonismo, OK! Agora seu ato terá um tempo, que precisará ser respeitado. Durante sua *performance* não dá para ficar variando o foco, alternando tarefas e iluminando outros pedaços do palco da vida. Aqui o problema é de maior magnitude. Infelizmente, temos muita dificuldade em nos manter por muito tempo em determinada atividade. Cansados e inquietos, somos presas fáceis de interrupções e oscilações, e nos tornamos um poço de tarefas pela metade ou mal-acabadas, procrastinadores contumazes. Resistir na tarefa é para poucos. Ainda mais em um mundo dinâmico e ágil como o que temos agora. Sempre chega uma demanda de solução mais rápida e urgente, sequestrando nossa consciência e cobrando seu resgate: a fadiga, a frustração e o baixo rendimento para as tarefas mais longas e complicadas do dia.

ALTERNAR A ATENÇÃO

Cuidado com a armadilha de ser multitarefa! É um recurso que deve ser usado com moderação, pois não existe atenção dividida de verdade. Dividir atenção é alternar o foco entre duas ou mais tarefas. Sempre que alternamos atividades, isso leva a uma queda no rendimento se comparado ao resultado obtido com a realização de cada tarefa isoladamente. Isso é tão importante que vou repetir de outra forma: nenhuma das atividades feitas com alternância de foco é realizada com a mesma qualidade que seria se fossem feitas uma de cada vez. Isso se explica pela perda de tempo e rendimento que ocorre no momento de alternar o foco; experimentamos uma distração transitória, uma certa "cegueira" momentânea enquanto desligamos de uma tarefa e nos conectamos à outra. Voltando para a nossa analogia do palco e do canhão de luz, seria como iluminar de forma alternada vários atores: no momento da transição, nem o primeiro nem o segundo ator estão em foco e recebendo atenção.

Como podemos concluir, a atenção é uma capacidade tripla. Precisamos saber dirigir o foco, sustentá-lo por tempo suficiente, resistindo às tentações, e alterná-lo em momentos peculiares, cientes de que essa solução só é possível quando a queda no rendimento da atividade não é crítica para sua resolução.

A controversa multitarefa

Muito se tem falado sobre ser ou não multitarefa, a capacidade de estar ou não nesse modo fictício chamado em inglês de *multitasking*. Um profissional dito moderno precisaria ter a habilidade de executar várias coisas ao mesmo tempo, estar conectado a vários dispositivos e conseguir manter um olho no peixe e o outro no gato, como dizem.

Executar tarefas múltiplas não é bem uma habilidade, mas sim uma necessidade, já que somos constantemente atropelados por demandas e informações. Ao colocar no bolso um celular conectado à internet, meu cérebro já se prepara para a tarefa múltipla, já que a qualquer momento tudo pode mudar. Um apito, uma mensagem, um *e-mail*, um *meme*, uma postagem: se estou conectado e disponível, certamente serei alvejado por toda forma de conexão e interrupção. No entanto, temos a impressão de que a multitarefa é produtiva e imprescindível. Mas será que estamos mesmo em um modo multitarefa?

Você já sabe que não. Pois o foco da consciência voluntária só comporta um protagonista. Minha avó dizia que não dá para assoviar e chupar cana ao mesmo tempo, e ela tinha razão. O que chamamos de multitarefa é o sistema de alternância rápida, por vezes tão rápida que temos a impressão de que realmente estamos fazendo duas coisas ao mesmo tempo, mas não estamos. Nessa alternância expressa, uma coisa fica a cargo do piloto automático e a outra fica no nível consciente, mas aquém do seu potencial. Com isso, surgem problemas como aumento da taxa de erros e imperfeições, cansaço demasiado e estresse psíquico. A multitarefa é hoje um dos maiores vilões da saúde mental e intelectual, pois exige mais filtro, transição de atenção e empenho psicológico sem gerar o devido benefício na efetividade, já que consome mais tempo final e entrega um serviço de pior qualidade.

Quem dirige e fala ao celular, por exemplo, aceita um risco: ao olhar, mesmo que de relance para o aparelho, estará "cego" mentalmente para os detalhes do trajeto. Quem empilha afazeres concomitantes no trabalho ou em casa também aceita um risco, o de ficar ansioso, depressivo, esgotado, estressado, além do risco de empilhar também erros não forçados, como diriam os tenistas – um erro não forçado é aquele equívoco banal, que ocorre por demérito seu mesmo, não provocado por um contexto ou condição alheia à sua capacidade em acertar. Gosto muito desse conceito; não jogo tênis, mas roubei sem cerimônia essa lição para a minha vida. Erraremos sempre, pois faz parte do jogo, da limitação humana e do mérito dos nossos "adversários". Por isso, erro zero é utopia, bobagem teórica, fonte de decepção e culpa. Na vida, devo procurar reduzir os erros não forçados, aqueles passíveis de serem evitados e corrigidos, aqueles que transbordam o limite do aceitável, que são feitos com dolo real ou eventual. Esse pensamento torna a vida mais leve e aceitável, traz mais parcimônia ao julgar a si e aos próximos e nos aproxima da dita empatia, principalmente na adversidade.

Mas voltando a ser multitarefa. Aprendemos que é algo falso, que custa caro em termos de tempo e energia, além de ser fonte de

O paradoxo da atenção

estresse demasiado e esgotamento afetivo e intelectual. É um tiro bem-intencionado saindo pela culatra, razoável a curto prazo, inaceitável a médio e longo prazo. Então para que serve isso? Só temos a perder? Não é tão simples assim, meu amigo leitor. O ideal é realmente fazer uma coisa de cada vez, com tempo, tranquilidade e paciência na execução; o ideal é planejar, executar e checar os resultados, entregando-se sempre integralmente a determinada tarefa mental; o ideal é somente começar uma tarefa depois de concluir a anterior, respeitando sempre a fila de prioridades reais. Parece fácil, não é? Então, fim de discussão, mantenha-se monotarefa e seja feliz!

O problema é que se esqueceram de combinar com os russos! Conhece essa história? Reza a lenda do futebol que, pouco antes da partida entre o Brasil e a antiga União Soviética na Copa de 1958, o então técnico brasileiro Vicente Feola traçou uma estratégia mais ou menos assim: após uma troca de passes no meio-campo entre Nilton Santos, Didi e Zito, Vavá sairia pela esquerda, atraindo a defesa, enquanto Nilton Santos lançaria para Garrincha pela direita, às costas de seu marcador. Aí, com velocidade e habilidade, Garrincha avançaria, limparia a jogada e cruzaria para o atacante Mazzola marcar o gol brasileiro. Após a explicação, Garrincha se virou para Feola e, com toda sua simplicidade, perguntou: "Mas já combinaram com os russos?"

Na vida ocorre o mesmo, nem sempre as coisas acontecem conforme imaginamos, pois existem fatores externos, imprevisíveis e inexoráveis. Isso não quer dizer que não devemos criar estratégias ou planejar, mas é preciso estar alerta para rever o processo e buscar alternativas durante a execução.

Você pode lutar contra ser multitarefa, mas o mundo seguirá seu ritmo avassalador e moedor de pessoas, as questões seguirão surgindo em cima da hora, as cobranças para bater o escanteio e correr para cabecear seguirão existindo. Por isso é fundamental saber navegar em ambos os contextos, dançando um pouco conforme a música.

Conselho de neurologista: sempre que possível, opte pela monotarefa, principalmente diante de atividades que você julga mais relevantes, que exigem mais atenção e criatividade e que não toleram eventuais falhas e imprecisões. Fazendo uma tarefa por vez, você utiliza o que tem de melhor dentro da cabeça, principalmente se estiver descansado, motivado e tiver as ferramentas necessárias para as resoluções. Que delícia resolver algo assim!

Ocorre que nem sempre esse cenário será possível, e haverá tempos em que você vai precisar navegar na alternância rápida de tarefas. Eventualmente será o melhor que você terá a oferecer, e lembre-se de que é uma prática que gera mais estresse, erros e fadiga. Tenha em mente que a monotarefa deve ser o sistema de atividades basal mais usado e almejado por cada indivíduo. Ser monotarefa é fantástico, nobre, honesto e correto com a missão, e é um sistema mais sustentável a longo prazo. O sistema multitarefa deve ser eventual, rápido e transitório, presta-se para resolver reais urgências; não é um bom modo de vida a longo prazo nem deve ser motivo de grande orgulho. Se uma pessoa diz que dá conta de fazer várias coisas ao mesmo tempo, não quer dizer que faz várias coisas ao mesmo tempo com a mesma maestria que as faria individualmente.

Pessoas ditas multitarefas se distraem com mais facilidade, dispersam e por vezes procrastinam em tarefas que exigem um empenho sustentado por longo tempo. São o alvo perfeito para o estresse demasiado, o burnout, os transtornos ansiosos e mesmo algumas formas de depressão. Ao colocar o cérebro em um contexto agitado

O paradoxo da atenção

e acumulador de funções, ele vai entregar o que dá, da forma que dá, e depois vai mandar o boleto na forma de disfunção.

O mundo se tornou tão multitarefa, que fazer uma coisa só ou nada chega a nos incomodar. A comunicação tecnológica e a constante necessidade de saber de tudo e ter opinião sobre tudo leva a um profundo desgaste mental e a uma desvalorização da atividade isolada, concentrada, de excelência intelectual. No entanto, a cobrança pessoal seguiu o caminho inverso: queremos perfeição, não toleramos o erro, queremos tudo agora, tudo exato. Temos aqui o dilema da modernidade, a equação que não fecha. Queremos rendimento multitarefa e acabamento monotarefa, queremos quantidade e qualidade, a baixo custo e rapidamente.

Quem paga essa conta? Nosso pobre cérebro antigo, que dava para o gasto nas savanas, no ritmo da natureza, envolvido na demanda vigente, superpondo a sobrevivência à perfeição, fazendo as coisas no seu próprio tempo, tendendo a ser monotarefa. A velocidade de hoje torna a vivência mais pobre, acumulamos afazeres vazios. No final do ano, temos a sensação de que o tempo voou, de que não rendeu, mas na verdade foi a gente que voou por dentro do tempo, aceleramos e atravessamos desatentos as lombadas e as paisagens da vida. Memória é qualidade, não quantidade. Impressão de tempo é memória, portanto dá para simplificar essa equação, corte a memória dos dois lados e temos: percepção adequada de passagem de tempo é igual à qualidade das vivências.

Somos vítimas dessa sociedade de cobrança, mas ao mesmo tempo culpados por ela. A sociedade nos espelha. Devemos ser agentes da monotarefa tanto em nossa vida como na vida de quem nos rodeia. Se a secretária do consultório está cercada por quatro telefones, dois *notebooks*, um interfone e ainda despejo sobre ela trinta atividades simultâneas, sou eu o agente da multitarefa. Se matriculo minha filha na natação, no futebol, na aula de violino, no balé e no mandarim, sou eu o agente da multitarefa. Se não sei dizer não, se nunca desligo meu celular, se trabalho vinte horas por dia, se não tiro férias há catorze anos, sou eu o agente da multitarefa. O mundo só muda se a gente mudar.

Vivemos em uma onda de *performance* e entrega, em que se valoriza o estresse, a doação incondicional, a dedicação acima do possível. Somos instados a cuidar de tudo, exceto daquilo que mais nos importa: nossa saúde mental. Quando percebemos que dava para ter feito diferente, Inês é morta.

Tudo isso voltará à discussão várias vezes no decorrer desta obra. Por ora, que fique claro que a excelência vem da monotarefa, e é sua responsabilidade fazer essa canalização para tudo o que demandar seu cérebro inteiro.

Os critérios da mente

O processo mental é uma eleição de prioridades, e nosso cérebro prefere alguns estímulos a outros, coisas do seu desenvolvimento. Esse grau automático de importância é bom quando estamos distraídos, mas tem seus problemas. Às vezes, nos fixamos em uma coisa que parece importante, deixando passar algo mais precioso naquele momento. Por exemplo, entro no mercado pensando no preço do sabão em pó e não me dou conta de onde deixei o carro. Saio de casa atrasado, com medo de chegar depois do meu paciente, acabo partindo sem o celular. Andamos com a cabeça a mil, remoendo ideias, fazendo projeções, por isso deixamos o café esfriar na cafeteira e saímos com uma meia de cada cor.

O paradoxo da atenção

No piloto automático, julgamos relevante um estímulo intenso, emocionante, cômico e que destoa dos demais. Tanto é que os publicitários usam essas ferramentas para pescar nosso interesse, comovendo ou divertindo a fim de atrair nossa mente e conquistar segundos de protagonismo para suas marcas e conceitos. E conseguem! Somos bombardeados de propaganda, gente vendendo, publicidade de todo tipo e contexto, muitas vezes explícita e grosseira, por vezes discreta e quase imperceptível. Todos querem uma coisa preciosa: a nossa atenção. Por isso, grande parte da energia do cérebro é gasta em triar, filtrar e escolher o que lhe atingirá naquele dia.

Já a nossa atenção voluntária, aquela que a gente escolhe de propósito, é mais refinada, consegue escapar do óbvio e canalizar a concentração naquilo que importa. Essa, aliás, é a base do estar e fazer conscientes, atitudes que estão no centro das técnicas de *mindfulness* (termo em inglês que pode ser traduzido como "atenção plena"). Esse conceito amplo versa sobre essa nossa capacidade, por vezes mal trabalhada, de direcionar o foco para uma determinada atividade, em geral ancorada no presente, mas não só. Isso tem ajudado muita gente a fazer o caminho de volta, a buscar a monotarefa, a desligar o piloto automático, percebendo a complexidade e as sutilezas de determinadas atividades, renegadas quase sempre a segundo plano e não vividas com a intensidade e o protagonismo que merecem.

Nossa atenção seletiva é diretamente relacionada ao emprego do nosso tempo. Viver é, em grande parte, escolher o que será apresentado no palco da consciência no nosso tempo de vigília. No conceito de atenção plena recomenda-se estar ancorado na atividade, colocando seu cérebro onde estão seus pés, um conceito nada óbvio para quem vive no mundo virtual ou no mundo da lua. Ao comer, por exemplo, faça-o com consciência, não roboticamente enquanto lê as notícias na *internet*. Faça uma pausa nos pensamentos encadeados do dia produtivo, concentre-se na textura dos alimentos, nos temperos, nas camadas de sabor e nas memórias que emergem do paladar e do olfato. Vai encontrar alguém no almoço? Tangencie o centro da motivação, olhe nos olhos, faça perguntas inteligentes e provocativas, repare na linguagem não verbal, esteja presente, inteiro e bem-intencionado nas vivências.

Vez ou outra, entregue seu cérebro integralmente a uma atividade rotineira, sem automatismos, sem competição, sem pressa. Plenitude concentrada é um conceito precioso. Viver é uma constante luta por boas memórias, e as boas memórias nascem de vivências boas, calmas, duradouras, multissensoriais, emocionais, complexas e dispostas no alvo do foco. Perceba a sutileza dessa minha recomendação: monotarefa com complexidade, em vez de multitarefa superficial. O conceito de plenitude atencional, de ser e estar predominantemente consciente, não é novo, mas continua atual. Em dias como os que temos vivido, trazer o espírito de volta ao corpo é o desafio do cotidiano. Andamos por aí meio dissociados, com o corpo imerso em uma tarefa e o palco da consciência habitado por outra atividade. Vivemos entregando migalhas de nossa cognição, e colhemos migalhas da cognição alheia. Talvez por isso cultivemos nossa angústia e nosso vazio interior, sendo também agentes da incompletude de outrem.

O ato de se concentrar de propósito é fundamental, pois o mundo está sem filtros, principalmente nas grandes cidades, em territórios informatizados e em corporações empresariais. Nosso cérebro criado no marasmo verde das florestas é hoje tentado por luzes de LED, letreiros, sons artificiais e *overdoses* de informação. Ensinaram a gente a ligá-lo, não a desligá-lo. Aprendemos a prestar atenção em tudo, pulando o foco de galho em galho e descarrilhando do propósito inicial. Abrimos abas mentais com facilidade, mas ninguém nos ensinou a fechá-las de tempos em tempos. Precisamos, meu caro leitor, aprender a desatentar, sustentando o foco ao longo do tempo. Eis que caímos no paradoxo que nomeia o capítulo.

Quem quer prestar atenção em tudo não quer prestar atenção em nada. Se não aprendermos a perder, a "desperdiçar", a deixar passar, se não desapegarmos desse frenesi avassalador que quer tudo junto e misturado, não dominaremos nossa capacidade de direcionar a mente com densidade para um pensamento, uma experiência, uma troca afetiva, uma ocorrência, enfim.

O que pode atrapalhar sua atenção?

Nossa capacidade de foco pode ser alterada por inúmeros fatores, que podem estar isolados ou se associar em determinado caso. Tentarei passear pelos principais, com objetividade e algumas dicas de resolução.

Ambientes tumultuados

Item básico e fundamental: cuide dos seus ambientes. O cérebro tem a árdua missão de filtrar as informações, então você consegue ajudá-lo de cara ao não bombardeá-lo com informações concorrentes. Vejo muita gente vivendo em ambientes visualmente sobrecarregados, repletos de distratores, barulhentos, confusos e desarmônicos. É como tentar ler um poema sueco durante uma *rave*. O esforço necessário para canalizar o foco no poema gera tamanho desgaste que faz com que não valha mais a pena, ou seja, torna-se uma tarefa humanamente impossível. Um bom ambiente para uma atividade cerebral sofisticada deve ser calmo, desobstruído, tendendo ao silêncio e imune a interrupções. Quando ligamos a televisão, instalamos um competidor de atenção; o mesmo vale para telefones, interfones e celulares, que geram possibilidades infinitas de ocorrências e mudanças no foco da atividade. Hoje o mundo é cheio de alertas, ruídos e informações conflitantes que confundem nossa atenção sustentada.

Por muitas vezes, o fator de distração são as outras pessoas, que nos interrompem, fazem comentários e executam atividades diferentes das suas, causando uma baixa do rendimento concentrado. Adoramos uma fofoca, uma notícia de última hora, uma gracinha, uma bobeira etc. Mas perceba que você se ajuda muito ao filtrar esses conteúdos com bom senso, criando barreiras e terceirizando a triagem inicial da informação. Muita gente chega excessivamente cansada ao final do dia, mas não é pelas atividades executadas, e sim por todo o esforço de controlar os competidores externos durante a execução das tarefas.

Um cérebro bom em um ambiente inadequado é como colocar um grande jogador para jogar em um campinho horrível, cheio de buracos, grama irregular, bola furada e chinelo. Ele vai jogar bem? Pode até ser que sim, mas vai ter um rendimento inferior à sua capacidade e correrá mais risco de lesão, ou seja,

O paradoxo da atenção

tudo será mais desgastante. A insalubridade ambiental é um tema que merece muita atenção, porque é determinante para o desempenho intelectual e emocional, além de elevar o custo biológico de uma atividade. Desempenhar as tarefas do dia a dia em locais inadequados por longo tempo geram inquietação, fobias, desmotivação, esgotamento e elevam a taxa de erros.

Além do ambiente externo, é fundamental cuidar também do interno. Pensamentos ruminantes, intrusivos e recorrentes podem atrapalhar muito sua concentração. A qualidade do sistema exige um órgão adequado e um ambiente favorável, onde a informação relevante possa destoar, impactar, servir aos propósitos da missão.

Uma bonita analogia desse fenômeno de ajuste contextual foi relatada no meu primeiro livro, *Antes que eu me esqueça*. Imagine uma lagoa parada, com água cristalina, tipo um espelho d'água. Tempo bom, quase sem vento. Respire fundo e arremesse uma pedra. Ela viaja em sua parábola e cai em um ponto central da lagoa. O toque da pedra no espelho d'água levanta algumas gotas e gera uma onda que caminha do centro da interseção entre a pedra e a água e segue para a borda.

Agora vamos trocar a imagem. Imagine um mar revolto, violento, cheio de ondas desencontradas, em meio a uma tempestade, lá pelas tantas da madrugada. Aquele mar que tomba navio, aflitivo e agitado. Respire fundo e arremesse a mesma pedra. Qual o impacto? Nenhum.

Pedra não impacta mar revolto, não pode ser notada em um ambiente caótico, onde coexistem eventos mais intensos. Precisamos de locais e de uma mente um pouco mais lagoa e menos mar revolto, em que o impacto faz toda a diferença, podendo ser percebido, localizado, mensurado e, se interessar, memorizado.

Excesso de estresse

É curiosa a relação entre estresse e *performance* mental. Um pouco de pressão e nossa capacidade aumenta, o cérebro fica mais ligado, motivado e alerta. Mas, se passar do ponto, pronto! O rendimento cai e ficamos mais dispersos, desatentos e com mais dificuldade em tomar decisões.

Para manter um bom nível de atenção, não basta apresentar corretamente o estímulo relevante; precisamos de um cérebro apto a administrá-lo. Cansados e estressados de forma crônica e desmedida, cometemos mais erros. Não acredite se alguém lhe disser que existe uma capacidade infinita de superação e compensação, bobagem. Toda estrutura biológica trabalha dentro de um limite de rendimento; sim, temos uma certa folga, uma espécie de reserva funcional para períodos de maior demanda, mas é uma reserva limitada. Do modo que vivemos hoje, com velocidade e muitos estressores, já estamos no cheque especial, já rodamos com o tanque reserva, apresentamos *bugs* e travas com mais frequência.

Muita gente que me procura com queixas de desatenção e esquecimentos está passando por problemas no gerenciamento do estresse. O cérebro tem seus mecanismos de defesa, como qualquer outro órgão. Quando é exposto a estresse demasiado ou a tensões moderadas por um tempo excessivo, seu rendimento cai e apresenta-se disperso, inseguro, empobrecido e mais esquecido.

Administrar o estresse do dia a dia é uma tarefa complicada, mas necessária. É fundamental alguma resignação para aceitar aquilo que não podemos mudar e muito empenho para adequar nossos hábitos a fim de não comprometermos a mente além dos limites de nossa capacidade.

Teremos muito tempo e outras oportunidades para discutir esse conceito adiante nesta obra. O gerenciamento é pautado por reconhecimento, válvulas de escape, papéis sociais e a nossa capacidade de simplificar a vida. Por ora, julgo importante reconhecer o estresse como fator de risco para quadros de desatenção e, mais que isso, um fator de risco modificável, sendo uma janela possível de intervenção consciente.

Ansiedade

O próximo capítulo é inteiro dedicado à ansiedade, e ali buscaremos estabelecer seus determinantes e o limite entre a ansiedade normal e a demasiada, a ansiedade patológica. Esse tema é muito importante nos dias de hoje, pois traz implicações tanto no humor das pessoas como na capacidade de concentração.

O excesso de ansiedade leva a uma série de impactos no rendimento intelectual. Pessoas muito preocupadas e tensas sofrem por antecipação, conectam sua atenção no futuro e em alternativas improváveis e catastróficas, vivendo em um constante "e se?" ou "vai que". Pessoas com mais tensão parecem estar sempre com a mente "pré-ocupada", demandando mais e mais energia para focar na atividade vigente. Além disso, têm o sono de pior qualidade, o que piora a concentração. Ansiosos são amplificadores da realidade, por vezes sofrem com a imagem mental exacerbada do problema, e têm sensações físicas, medos e inseguranças que também dificultam a plenitude da atenção sustentada.

O tema tem diversos pontos de análise. Por exemplo, alguns podem advogar que alguém tenso é mais cauteloso, lida com alternativas, antevê problemas e, por isso, erra menos, compromete-se mais com a tarefa e adota um certo método, um perfeccionismo que pode ser bom.

Tome-se o caso de um vestibulando. Chegou o dia D, o dia da prova, agora vai ou racha. O coração palpita, a respiração se inquieta, dá-lhe adrenalina e cortisol. O estudante recebe a prova, mãos trêmulas e pegajosas. Ele respira conscientemente para se segurar, organiza o caderno de questões, olha o relógio na parede, eis que está compenetrado. A ansiedade natural e direcionada levou o rapaz ao hiperfoco: ele está *dentro* da prova, buscando em seu cérebro as gavetas de conhecimento para acessar as respostas corretas, encontrar soluções criativas e enfrentar o examinador. Ele não ouve mais o zunido do ventilador, não se incomoda com o farfalhar metálico quando o colega do lado abre um chocolate, não sente vontade de ir ao banheiro, ele flutua na cadeira. É uma pitada de ansiedade que o deixa nesse estado de concentração; um estudante plenamente calmo perderia essa mágica conexão e talvez se dispersasse com os ruídos ao redor.

Verdade, um pouco de ansiedade pode gerar um rendimento realmente interessante, apesar do custo emocional disso, mas, em excesso, ela prejudica principalmente as atividades que não estão no centro dessa preocupação.

Explico: se a pessoa está tensa com uma viagem, poderá ficar mais desatenta a tudo que não se relaciona com esse assunto, como o trabalho. Já um executivo viciado em trabalho (um *workaholic*) pode se descuidar facilmente de aspectos da vida pessoal, social e familiar. Perceba que essa "ajuda" ocorre apenas se, e somente se (como diriam meus antigos professores de matemática), a intensidade for leve a moderada e o alvo da atenção avaliada for o mesmo alvo da ansiedade. No nosso exemplo do vestibular, um estudante dominado pela ansiedade patológica seguiria um caminho comprometedor, com lapsos francos e persistentes, sintomas físicos, medo fora de domínio, perda de tempo e rendimento aquém. Aqui e na vida, o caminho do meio parece o mais recomendado.

Veja como a ansiedade joga nos dois times: é parceira quando contextual, reativa, proporcional e dentro do motivo do foco, mas é adversária quando amplificada, fora de contexto ou diversa do propósito de determinada missão.

Aprender a mensurar e controlar o grau de expectativa e tensão é uma tarefa primordial para quem busca obter sua melhor *performance*.

Depressão

A depressão é um dos transtornos mais frequentes da atualidade, acometendo cerca de 7% da população brasileira. Eis aqui um forte causador de problemas de atenção, raciocínio e memória. Trata-se de uma doença orgânica que altera o funcionamento do cérebro como um todo, não só o controle emocional e dos sensores de prazer (que ficam bem alterados), mas também da própria capacidade de tomar decisões, da crítica diante da adversidade, da esperança no porvir, da motivação e da curiosidade diante da vida.

Não tem jeito: nossa atenção depende profundamente da motivação e do entusiasmo. Se estamos inertes e desanimados, essa falta de propósito nos transforma em um espectador passivo das ocorrências, deixando a concentração ao prazer do vento. Além disso, a depressão moderada a grave deixa o cérebro mais lento e empobrecido, e fica difícil criar, conjugar pensamentos e gerenciar os poderosos processos de foco sustentado. Os lobos frontais, principais sedes do controle da atenção, sofrem bastante com a carência de neurotransmissores apresentada pelos portadores do transtorno. Além disso, existe perturbação do sono, eventual abuso de substâncias e mesmo sintomas associados de ansiedade, a depender do caso.

Às vezes, o quadro é tão dramático do ponto de vista intelectual que confundimos com quadros de demência, como o Alzheimer. Isso ocorre mais entre idosos, os quais podem ficar bem aéreos quando deprimidos, desconectados do contexto e da realidade, e parecem estar sofrendo de um contundente declínio cognitivo. Alguns autores chamam essa manifestação de quadro pseudodemencial, por ser um falso declínio: ao se tratar da depressão, por vezes o paciente recobra plenamente sua lucidez e intelectualidade.

Sempre que alguém relata um processo novo de desatenção e baixo rendimento, é preciso procurar por sintomas depressivos. Não é nada raro que as pessoas estejam dispostas a reconhecer mais a dificuldade intelectual do que os famosos sintomas psíquicos e emocionais da depressão, em parte por desconhecimento, em parte por certo preconceito em relação à saúde mental. Seja como for, o cérebro é um só, e o processo depressivo é um fenômeno frequente, democrático e bastante impactante no rendimento geral e na qualidade de vida de uma pessoa.

Elevado grau de expectativa

Este tópico é curioso, mas verdadeiro. Nossa expectativa é um dos vilões da análise do nosso rendimento. Desde que o mundo é mundo, o ser humano esquece coisas, se desconcentra aqui e ali, escolhe mal as palavras, toma decisões controversas e por aí vai. Vem daí o adágio "errar é humano".

Mas nossa sociedade amadureceu inflexível em diversos aspectos, com uma profunda intolerância ao erro. Culpa da nova dinâmica social e mesmo das redes sociais com seu bombardeio filtrado de perfeição. Expectativa alta, frustação a caminho. Passamos a nos incomodar com a nossa imperfeição natural. Aos poucos, somos convencidos de que o erro é inaceitável, que o cérebro é uma máquina perfeita e alinhada, que o estudo pasteurizado unifica as condutas, que o divergente é nosso adversário, que existe alguma verdade absoluta, enfim. Tudo balela, mentira geradora de insatisfação.

Não se passa um só dia sem aparecer no consultório pessoas que acham que padecem de alguma disfunção, mas que na verdade são pessoas normais, com um rendimento natural, humano, não perfeito. Só que são cobradas por tanto, que se sentem aquém de sua demanda; as falhas vão para a conta da mente, não para a falsa expectativa da cognição perfeita. Nada contra buscar ajuda e investigar; longe disso, na dúvida é o melhor a fazer. Mas cabe, sim, uma reflexão acerca do grau de expectativa que colocamos sobre nossos ombros e os ombros de nossos filhos, funcionários, amigos. Atualmente, todo mundo é juiz, julgando dolosos os erros culposos, julgando decisivos os erros banais. Plantam um perfeccionismo e um grau de cobrança que contaminam a sociedade, que por sua vez evolui menos empática e mais intolerante. Atiramos a primeira pedra, recebemos na mesma moeda, e somos apedrejados ao primeiro deslize.

O cérebro falha, esquecemos mais do que lembramos, passamos fases desatentas, pouco criativas e decidimos erradamente todos os dias. A vida não deve se resumir a buscar uma perfeição utópica, mas sim encontrar a maturidade, as melhores ferramentas de enfrentamento e a melhor convivência consigo e com os outros. Com isso, não quero estimular as falhas, mas atenuar a culpa.

Aliás, errar de vez em quando significa que você está tomando partido, está vivendo, se arriscando e trabalhando no limite da sua potencialidade. É diferente pensar assim. Se você anda acertando muito, das duas uma: ou você não está percebendo seus erros (isso é grave e comum), ou você está fazendo tudo dentro da sua zona de conforto. Quem trabalha no limite da intelectualidade esquece, tem lapsos, tem dificuldade de ver alternativas, sente-se por vezes aquém do seu potencial. Lidar com o erro é uma arte.

Altas expectativas levam a um alto grau de cobrança, base da ansiedade, da decepção e da queda da autoestima. Nada é mais artificial que a perfeição, a simetria e a previsibilidade integral. Muitas vezes, a maturidade nasce da aceitação, da adequação da autocobrança, afinal somos apenas primatas cabeçudos que desceram há pouco das árvores. Sofremos por necessidades plantadas, colhemos a angústia da imperfeição. Não seremos bons em tudo; seguimos a sina dos patos, nadaremos mal, andaremos mal e voaremos mal, limitações são a nossa natureza.

Estou me lembrando de uma conversa que tive com meu grande amigo Martins da Porangaba. Um sujeito por volta dos 60 anos, usa roupas esportivas, um boné na cabeça e porta um sorriso diferente no rosto. Fala tranquila e empática, uma didática diferente, daquelas pessoas que tornam o complexo mais simples. Demorou pouco para perceber que havia ali algo genial. Porque o mundo está cheio de gente talentosa em complicar e carente de pessoas com verdadeiro olhar simplificador. Um dia, ele me contou que

O paradoxo da atenção

era pintor – por um instante imaginei que poderia contratá-lo para dar uma demão nas paredes sofridas do apartamento. "Eu pinto quadros", completou.

Sempre ouvi uma frase preconceituosa que dizia: "Muita gente pode pintar um quadro, mas só um gênio é capaz de vender um quadro". Porangaba é um desses que vivem da sua brilhante e valorosa arte. Pintor renomado, professor de arte, já expôs no mundo todo, tem uma vasta biografia que fui conhecendo aos poucos no decorrer da nossa amizade. Estava explicado aquele sorriso diferente: quase sempre os artistas têm um carisma peculiar, que nos acalenta rapidamente no não verbal.

Nossa conversa sempre segue por caminhos diversos e interessantes, e a passagem que nos interessa neste momento do livro tem a ver com uma subjetiva provocação que fiz a ele: "Porangaba, você dá aula de arte; na sua opinião, quando é que um aluno deixa de ser um desenhista ou um pintor técnico e se torna um verdadeiro artista?" Ele levantou os olhos e sorriu – fiquei com a impressão de que já tinha refletido sobre o assunto. "Leandro, quando um pintor deixa de querer controlar plenamente seu traço, ele passa a fazer arte. Quando o artista tolera em algum grau sua imperfeição, deixa de ser escravo de uma métrica racional e passa a sentir e aceitar seus acabamentos, sua arte se aproxima da sua verdade e passa a transmitir algo além do que se vê."

Não tenho certeza se foi exatamente assim que ele falou, mas tenho clareza de que foi assim que escutei e senti. E essa definição ampliou imediatamente meu horizonte. Essa fala não era apenas sobre arte, mas sobre a vida. Aceitar o que se entrega, lidar com a imprecisão ou com a expectativa engessada da razão: essa talvez seja a arte da vida. Querer sempre sair e chegar ao lugar planejado é um prato cheio para a frustração. A existência emocional precisa de um pouco mais de liberdade e tolerância, bases da criatividade, um tema que abordaremos mais adiante.

Claro que existe arte e técnica misturadas em quase tudo o que se faz nessa vida. Seremos bem mais leves e amenos se cultivarmos expectativas realistas; seremos menos ansiosos se aceitarmos resultados menos regulares, simétricos, previsíveis; se formos mais artistas, possivelmente seremos mais felizes.

Sabe, meu amigo leitor, muitos planos empacam justamente pela não aceitação do erro. Muita ideia é engavetada pela ausência de certeza e convicção. Muita gente só vai a campo quando a partida está ganha. Isso é um prato cheio para biografias amargas, cheias de brilhantismo potencial. Em algumas fases, eu mesmo sofro bastante com isso. Fico tão crítico comigo mesmo que não consigo prosseguir minha escrita. Escrevo uma página, não parece ideal, deve ter um jeito de dizer melhor, apago tudo. Posso ter escrito quatro livros, mas tenho certeza de que já apaguei mais de dez. Isso é um tipo de bloqueio, me faz um melhor apagador do que escritor. Volto ao amigo artista: a arte depende de aceitação do traço que chega aonde tem que chegar, na forma que tem que chegar. O nascimento do artista depende mais daquilo que ele não apagou do que daquilo que ele já desenhou.

Por isso, desenvolvi uma técnica que agora compartilho com vocês: escrevo tudo o que quero e não me permito apagar nada no primeiro momento; deixo lá, descansando no computador de um dia para o outro, como uma boa massa. Então, volto e leio, com outra cabeça, menos crítico e com mais preguiça de escrever de novo, aí, sim, edito o texto. Ideias precisam ser sedimentadas no mundo real, muita coisa é tentativa e erro, precisamos valorizar o comportamento que não se omite, que toma partido, que parte da boa intenção e realiza de uma forma ou de outra. É como aquela frase popular meio besta: "Se o que eu fizer não servir para nada, que pelo menos sirva de mau exemplo".

Problemas clínicos

Como o gerenciamento da atenção é uma atividade complexa, também é muito vulnerável a disfunções de causa clínica, como doenças ou ação de substâncias. Sempre que alguém me procura com queixa de piora no rendimento da concentração e da memória, preciso considerar todas as alternativas. O paciente precisa ser visto como um todo e dentro do contexto de vida, pois algumas doenças são mais frequentes em determinado sexo, faixa etária, localidade ou quando associadas a um estilo de vida específico. Foge ao escopo desta obra discutir minuciosamente esse tópico, mas vamos pontuar brevemente as ocorrências mais comuns na prática clínica.

Um primeiro ponto a ser considerado são problemas hormonais. Por exemplo, a desatenção pode ser fruto de distúrbios da tireoide, tanto por queda na produção de hormônios (hipotireoidismo) quanto por produção em excesso (hipertireoidismo).

O hipotireoidismo tem diversas causas, e a mais frequente é uma doença autoimune chamada tireoidite de Hashimoto, mais comum em mulheres. A redução do nível do hormônio tireoidiano pode causar cansaço, falta de disposição, sonolência, inchaço, alteração de peso, sendo por vezes confundida com depressão ou mesmo com problemas intelectuais na terceira idade. O diagnóstico é relativamente simples, e o problema tem tratamento efetivo na grande maioria dos casos.

Já o hipertireoidismo é menos frequente, mas também pode levar a irritabilidade, insônia, palpitações no peito e alteração no peso (geralmente perda). Nesse caso, também o paciente pode se sentir inquieto, mais agitado e desatento. Existem várias causas para o hipertireoidismo, e a grande maioria tem tratamento, com controle dos sintomas feito em geral com o acompanhamento de endocrinologista.

Ainda falando sobre questões hormonais, a desatenção acentuada também pode ocorrer durante a menopausa ou mesmo na andropausa, período que marca a queda na produção de hormônios sexuais nas mulheres e nos homens, respectivamente. Esse sintoma não é visto sempre, mas algumas mulheres podem se sentir mais desatentas até a consolidação da menopausa, além dos sintomas mais conhecidos, como fogachos (calores), secura vaginal, irritabilidade e distúrbios de sono. Essa sensação de atordoamento da atenção e pensamentos é por vezes descrita como *brain fog*, uma expressão em inglês que quer dizer algo como um nevoeiro mental transitório. No homem, a queda na testosterona também pode eventualmente ser acompanhada de sintomas de desatenção e desinteresse, merecendo também cuidado.

Outros estados hormonais peculiares também podem trazer consigo essa queixa de desatenção, como durante a gestação e o pós-parto. Alguns acreditam que os receptores de estrógeno no cérebro sejam os responsáveis pela oscilação de *performance* sentida por algumas mulheres, geralmente de intensidade leve e passageira. Alguns advogam, inclusive, que isso teria uma utilidade evolutiva, pois melhoraria a conexão entre mãe e bebê ao colocar os aspectos da maternidade como prioridade na mente da mulher, que se afasta dos outros aspectos do cotidiano. É claro que durante a gravidez, e principalmente no pós-parto, as mudanças

O paradoxo da atenção

de rotina, ritmo de sono, grau de responsabilidade e papel social também justificam a desatenção; são períodos de intensa fadiga física e emocional.

O cérebro é um órgão do corpo, frase meio óbvia a essa altura do campeonato, mas muitas vezes esquecemos disso. Para que funcione direito, precisa de um contexto de boa saúde geral e que toda a estrutura biológica receba os suprimentos adequados. Por vezes, a perda do rendimento é fruto da falência de outro sistema, o que repercute indiretamente na mente. Por exemplo, se o coração funciona mal, o cérebro pode receber menor fluxo de sangue e apresentar dificuldades. Se o problema for nos pulmões, a falta de oxigenação ou excesso de gás carbônico também pode ter impacto negativo no rendimento. E os rins? Se não conseguirem excretar parte das substâncias tóxicas do corpo, os neurônios podem mostrar sinais de disfunção, algo visto com certa frequência em doentes com insuficiência renal mais grave. O mesmo vale para problemas no fígado, anemia, oscilações graves do nível de sódio no sangue, excesso ou queda na glicose, carência intensa de vitamina do complexo B, entre infindáveis exemplos. Todo médico precisa se atentar a esses aspectos ao se deparar com um paciente confuso ou profundamente sonolento e prostrado; é preciso fazer uma investigação da condição geral, incluindo exames de urina e sangue detalhados, e depois passar para uma avaliação do cérebro. Curioso, né? A maioria dos leigos diria que, se o sintoma é cerebral, então a doença deve estar na cabeça, como um acidente vascular cerebral (AVC), mas nem sempre é assim.

Outras causas clínicas de desatenção são: distúrbios do sono (insônia ou apneia, por exemplo); doenças reumatológicas como a fibromialgia, que traz, além das dores, disfunção de memória e concentração, alterações intestinais, problemas de sono e eventualmente fenômenos depressivos e ansiosos associados; alguns medicamentos, principalmente aqueles com efeitos mais sedativos como tranquilizantes, hipnóticos, antidepressivos, antivertigem, antialérgicos, entre outros.

É, meu amigo leitor, cuidar do cérebro não é nada fácil. É um órgão que padece pelo mal uso, por disfunções de ritmo, hábitos e contextos, é vulnerável ao estresse e a problemas psíquicos como a depressão e a ansiedade. Sofre com disfunções a distância, de outros órgãos, com doenças clínicas diversas e mesmo com substâncias que vêm de fora do organismo – sejam medicamentos ou substâncias de uso recreativo ou com intuito de relaxamento ou recuperação de energia, tais como álcool, drogas ilícitas, excesso de cafeína, entre muitas outras.

Excesso de tecnologia

Questão absolutamente atual. A tecnologia veio para facilitar diversos processos do nosso dia a dia, mas também cobra seu preço. Portamos no bolso equipamentos intensamente conectados, com capacidade absurda de criar ferramentas de resolução e entretenimento, mas que consomem nosso tempo, nos deixam em multitarefa e acabam por terceirizar a nossa intelectualidade. Não me entenda mal, adoro soluções tecnológicas e o mundo que se abre a partir delas, o problema é que abrimos algumas janelas e fechamos muitas portas.

Como não dá conta de tudo, o nosso cérebro imerso excessivamente no virtual carece de mundo real. Ficamos habilitados de um lado e inábeis do outro. Existe aí uma competição desleal,

O paradoxo da atenção

pois o universo virtual é mais rápido, fácil e tentador do que o universo real, mais complicado, de tempo arrastado, por vezes tedioso. Ali o *feedback* é veloz, o prazer é certeiro, o tempo passa voando nas ondas de dopamina; aqui o prazer gera mais custo ou risco, tem uma serotonina aqui e ali, dopamina não é seu forte.

Sobre as telas, escorregamos o dedo para cima e para baixo, sem perceber que repetimos o movimento das antigas máquinas caça-níqueis, vício de uma parcela significativa de toda uma geração. Dentro das telas, temos filtros, esquivas e anonimato; em alguns casos, podemos até morrer, pois é possível e fácil renascer. Podemos escolher grupos e verdades e julgar quem vacila na proposta, nosso ego sempre encontra um afago, um ângulo mais favorável. Pobre mundo real, aqui se faz, aqui se paga. A moeda real, a beleza real, amigos reais, frustrações reais, o lado de cá é complicado. Por isso precisamos discutir limites e impactos da tecnologia.

Nossa concentração não foi criada para tantas abas. Somos malabaristas limitados, conseguimos equilibrar alguns pratos, mas aumente o desafio e os das pontas hão de cair. Encontros entrecortados por ligações do celular, estudos interrompidos por mensagens e notificações, o eterno multitarefa de trabalhar enquanto ouve o último sucesso *pop* ou um episódio de *podcast*, cérebro dividido, confuso e cansado. De início, o peso da tecnologia pessoal é o da sobrecarga e da competição, mas não para por aí. Há riscos de adição, de abstinência, de intolerância ao tédio que podem fazer de muitas gerações escravas do *touchscreen*, alheios da navegação fora da rede, incapazes de partilhar o silêncio ou de lidar com uma vida profissional enfadonha. Treinamos o cérebro com as leis da virtualidade, jogamos o jogo rifando uma vida adulta com a inaptidão em lidar com a sociedade real.

Os novos desafios do cérebro

Como citei acima, outra preocupação é com a terceirização intelectual. A partir do momento que tenho um objeto que faz as coisas por mim, não procuro mais me desenvolver. A mente é preguiçosa, econômica, só dá o passo quando a água bate na bunda, é movida por necessidade. Hoje não precisamos mais decorar números e endereços, nem calcular de cabeça, não organizamos nossa agenda de contatos no papel, não rastreamos dicionários, não abraçamos muitos amigos, (achamos que) não perdemos tempo com conversa fiada. Mas um belo dia a rede cai, a bateria acaba ou falta luz. Forçados a viver uma vida não tecnológica, percebemos que nos faltam ferramentas, estamos atrofiados para lidar com o tempo, com os pequenos prazeres, com os outros e com a fatídica realidade. Me incluo nesse grupo. Busco a cada dia me policiar um pouco, controlar mais do que ser controlado pela tecnologia que asfaltou minha vida, ganho uma batalha aqui, perco duas ali. Se sinto que estou perdendo a guerra, preciso reavaliar minhas frentes de batalha.

Ninguém se protege sem algum desgaste. A capacidade de desconectar não nos foi ensinada tão habilidosamente como a de nos conectar. Podemos ser contra a hiperconexão digital, mas ainda albergamos um cérebro preguiçoso, que adora o prazer efêmero com pouco esforço, que encontra no virtual seu refúgio, rápido, solitário e encantador. Aliás, não somos vítimas dessa tecnologia, mas criadores dela, feita sob medida para alcançar o objetivo de viciar, entreter, resolver, gastar, tudo aquilo que, ao final das contas, nos prejudica.

Não quero com isso propor uma caça às bruxas. A tecnologia pode ser mais bem dominada, ter regras e limites, algo mais parecido com o mundo real. Precisamos evoluir com algo que possamos controlar, para isso vale todo esforço pessoal pelo bom senso, equilíbrio e autocontrole, pois não dá para abdicar do lado de cá do universo. Aqui, no mundo real, somos multissensoriais, temos a complexidade e a beleza das melhores memórias. Aqui é o *game* que perdemos, empatamos ou vencemos de verdade, aqui cada fase é escrita nesse tempo linear, que segue somente adiante e precisamos de todos os recursos para vencê-la, incluindo a tecnologia, só que como ferramenta, não como uma moderna forma de prisão.

Transtorno do déficit de atenção e hiperatividade (TDAH)

Eis aqui um transtorno que merece destaque especial, tanto por sua frequência e impacto na qualidade de vida do portador e dos familiares como pelos mitos e preconceitos que o envolvem. A despeito de usarmos aqui a sigla completa – TDAH (transtorno do déficit de atenção e hiperatividade) –, você pode ver por aí textos se referindo ao problema apenas como TDA (transtorno do déficit de atenção) ou DDA (distúrbio do déficit de atenção).

O TDAH é descrito pela medicina nos quatro cantos do mundo e em muitas culturas. Trata-se de uma dificuldade de desenvolvimento de regiões dos lobos frontais que culmina em desatenção, impulsividade e, em alguns casos, hiperatividade. É algo inato do portador, fruto da genética associada a questões ambientais; não é culpa dos tempos modernos nem do excesso de açúcar ou da falta de limites. Claro que o mundo atual, o excesso de doces e uma família muito complacente não ajudam, mas dizer que alguma dessas coisas é a causa do TDAH é absolutamente impreciso e injusto.

É um transtorno que tem sido mais bem estudado nos últimos cinquenta anos, mas os relatos sugestivos de sua manifestação datam do início do século XX, sugerindo que não seja algo realmente novo, porém mais bem compreendido e diagnosticado nas últimas décadas.

Os sintomas se manifestam antes dos 12 anos de idade, sendo que a maioria das crianças já mostra sinais evidentes antes dos 7 anos. Não é algo que surge do nada na vida adulta, apesar de poder ser diagnosticado em qualquer idade, a partir de uma análise retrospectiva.

Estima-se que cerca de 5% da população tenha TDAH, ou seja, uma em cada vinte pessoas. No Brasil são mais de dez milhões de portadores, de ambos os sexos e com várias idades. A ocorrência é mais descrita em meninos, mas os índices no sexo feminino têm aumentado, principalmente formas com menor hiperatividade. No sexo masculino o portador é mais inquieto, impulsivo e agitado, levando a uma maior taxa de diagnóstico. No caso das meninas, muitas vezes considera-se que são apenas "aéreas", que vivem "no mundo da lua", que cometem erros por falta de planejamento e concentração, não por conta de um déficit de atenção. Com a disseminação da informação no sentido de que existem formas do transtorno sem hiperatividade, a diferença nas taxas de diagnósticos tem diminuído.

Para um bom diagnóstico, é fundamental seguir critérios claros e rigorosos, uma vez que os exames complementares não ajudam muito nessa missão. O diagnóstico é clínico e pautado na interpretação da história, do contexto, do grau de impacto na qualidade de vida e no afastamento de outras doenças que possam ter sintomas semelhantes. É fundamental que os sintomas tenham duração mínima de seis meses, sejam intensos a ponto de comprometer a qualidade de vida, manifestem-se em outros ambientes além da escola ou de casa e não sejam fruto isoladamente do uso de substâncias ou da existência de outras doenças, incluindo problemas psiquiátricos. Esses cuidados são a base do bom diagnóstico.

Sempre que possível, o médico deve ter acesso à opinião de familiares, professores, amigos e colegas de profissão do paciente, a fim de determinar a presença e a intensidade de cada sintoma, investigando possíveis diagnósticos diferenciais.

No TDAH os sintomas mais comuns giram ao redor de três eixos:

Desatenção

O paciente relata dificuldade significativa em manter a concentração durante algumas tarefas cotidianas. Isso pode se manifestar na escola, no trabalho, na vida pessoal, nos esportes, durante conversas, leituras, filmes etc. É frequente a descrição de, em um certo momento, a mente se desviar em um pensamento ou uma ocorrência paralela e, quando retorna ao foco, já ter se passado um tempo, causando perda de rendimento. Isso pode trazer muitos problemas e constrangimentos, levando a baixa autoestima, baixo rendimento escolar, elevada taxa de erros, insucessos na profissão e por aí vai. Os portadores do TDAH são quase sempre vistos como dispersos, desorganizados, esquecidos e atrasados.

Importante notar que a dificuldade está no gerenciamento da atenção: o paciente se desvia do seu foco inicial sem a sua vontade consciente. O grau de desatenção varia de um caso para outro, dependendo também da atividade. Se a atividade for algo passivo, a chance de perder o foco é enorme, como em aulas tradicionais, palestras longas e monótonas, filmes com pouca ação etc. Já para atividades mais dinâmicas e intensas, que despertem interesse e deem retorno rápido, como jogos de computador e *videogames*, a capacidade de atenção pode surpreender e se intensificar. Isso gera confusão na cabeça de leigos e dos pais: "Como essa criança pode ser tão desatenta na escola e ficar tão concentrada no *videogame*? Certeza de que é só desleixo, não tem problema de saúde nenhum!"

Muita calma nessa interpretação, pois pode ocorrer no TDAH uma oscilação entre desatenção e foco acima da média (hiperfoco), a depender do contexto e da atividade. Em geral, o *videogame* é um ponto fora da curva, pois os jogos são desenvolvidos com o propósito de levar o jogador à imersão, à concentração plena; são repletos de missões, metas progressivas, *feedbacks* recorrentes, sinais auditivos e visuais rápidos, uma somatória de pequenos trechos de atenção colados, dando a impressão de uma atividade de médio prazo.

Hiperatividade

É um sintoma mais presente em crianças do sexo masculino, podendo melhorar um pouco após a adolescência por algum grau de maturidade social e controle. Nem todo portador de TDAH tem hiperatividade aparente, mas é um sintoma importante e muito evidente em boa parte dos casos nos quais o portador parece inquieto e se movimenta acima do esperado para a idade. A hiperatividade dá a impressão de que a criança está ligada no 220 v, de que tem um motorzinho que não a deixa sossegar; são crianças peraltas que se levantam com frequência do assento, conversam e tamborilam. Como têm dificuldade em se fixar em uma tarefa e apresentam impulsividade e inquietude, por vezes passam por crianças difíceis de lidar, desobedientes e sem limites, o que pode até ser verdade, mas não é a justificativa primária de tal comportamento. No TDAH existe uma disfunção no controle inibidor do comportamento, uma dificuldade em aquietar a mente e o corpo nos momentos em que se espera silêncio e equilíbrio. É importante frisar que o comportamento hiperativo é esperado em idade pré-escolar (mesmo em crianças sem TDAH), por isso o que deve chamar a atenção no momento do diagnóstico é a intensidade e a idade.

Impulsividade

Aqui um sintoma também cardinal do déficit de atenção. Além de serem desatentos e hiperativos, os portadores podem apresentar comportamentos impulsivos, tomando atitudes sem refletir. É bastante frequente a queixa de interromper conversas, ter dificuldade em aguardar a vez para falar e tomar decisões questionáveis de bate-pronto, colocando-se em risco ou atrapalhando a ordem social em determinado contexto.

Além dessa tríade clássica, é frequente que o paciente apresente dificuldade em levar a cabo tarefas de médio e longo prazo, que procrastine e empurre com a barriga atividades que exijam mais concentração e empenho, que se canse com facilidade em tarefas mentais sustentadas, que busque atividades com prazer efêmero (com risco de abuso de substâncias, de vício em jogo e de atividades ilegais), que apresente (principalmente na adolescência) comportamento desafiador opositor. Sintomas depressivos e ansiosos também são frequentes entre os portadores de TDAH.

Como podemos ver, existem diversos sintomas característicos do TDAH que se associam de maneira peculiar em cada paciente, a depender do sexo, da idade, da genética e do contexto ambiental e familiar. Existem formas mais hiperativas, formas mais desatentas e formas mistas, mais balanceadas.

O transtorno é crônico, persistindo na vida adulta em mais de dois terços dos casos, mesmo que haja atenuação de um ou outro sintoma com a maturidade. Em resumo, no TDAH existe uma evidente falha de gerenciamento do impulso, e dificuldades neurais de motivação para atividades com *feedback* lento e tardio, aliadas à desatenção e inquietação mental e física. O problema pode e deve ser reconhecido e tratado em qualquer idade, pois muitos casos passam batido na infância, já que não causam grande comprometimento escolar ou não foram objeto de uma avaliação médica/neuropsicológica direcionada.

O tratamento exige conhecimento da dificuldade, mudança de hábitos, medidas psicopedagógicas e remédios, na maioria dos casos. Quando indicado, o medicamento visa melhorar a organização das vias da atenção e do controle de impulsos; costumam pertencer à classe dos estimulantes, sendo de modo geral seguros, relativamente bem tolerados e eficientes no controle de alguns sintomas. Algumas pessoas questionam o uso de medidas farmacológicas em crianças, mas é algo que traz resultados melhores quando aliado a medidas comportamentais do que apenas estas isoladamente. É fundamental, porém, um bom seguimento médico, escolar e familiar, de modo a preservar a autoestima do paciente e proporcionar a ele o melhor rendimento cognitivo e comportamental no seu desenvolvimento pessoal.

Para finalizar, preciso deixar claro que estamos falando de uma doença real, com diagnóstico padronizado e tratamento direcionado. Negar sua existência pela ausência de marcadores nos exames em nada ajuda seus portadores e familiares. Aliás, muitas doenças não aparecem nos exames, e seu diagnóstico é 100% pautado na impressão clínica, tais como enxaqueca, depressão, fibromialgia, síndrome do intestino irritável, esquizofrenia, autismo, síndrome do pânico, entre muitas outras. O TDAH não é uma deficiência intelectual, e sim uma oscilação no gerenciamento da atenção e no controle de impulsos; o portador pode ter inteligência normal ou eventualmente até acima da média. Muitos pacientes precisam do diagnóstico para não serem rotulados, com injustiça, de incapazes, preguiçosos, indolentes ou mimados. Na dúvida, busque sempre informação confiável e profissionais habilitados a auxiliar em um caso específico.

Esse transtorno importante em saúde mereceria um livro inteiro só para ele, dadas sua complexidade e suas sutilezas, mas deixo aqui esse resumo registrado, pois não poderia ficar de fora de nenhuma discussão sobre os problemas de concentração.

Ufa! Capítulo longo e abrangente. Espero que seu cérebro tenha conduzido sua atenção com competência até aqui. Vamos seguir adiante discutindo sobre outros grandes desafios da nossa mente nos dias de hoje.

Os novos desafios do cérebro

PONTOS IMPORTANTES DESTE CAPÍTULO

- A capacidade de atentar é uma das funções mais básicas e nobres da intelectualidade humana.
- Quando existe comprometimento da atenção, pode haver problemas de memória, raciocínio, tomada de decisões, e a taxa de erros e acidentes pode aumentar.
- A função da atenção tem aspectos automáticos (menos voluntários) e aspectos conscientes (mais voluntários).
- Trata-se de uma tarefa tripla – direcionar, sustentar e, eventualmente, alternar – e possui determinantes cerebrais (internos) e ambientais (externos).
- O mundo de hoje sobrecarrega nossa capacidade de atenção, levando à fadiga, ao estresse e às oscilações de rendimento.
- A função multitarefa é uma utopia, mais bem descrita como execução alternada; quase sempre é contraproducente e desgastante, devendo ser evitada na rotina habitual.
- A atenção pode ser prejudicada por inúmeras ocorrências, ambientais, clínicas, psíquicas ou contextuais.
- É possível se proteger, em algum grau, dos fenômenos de desatenção do mundo moderno, com bons hábitos e enfrentamento dos processos causais.

O LIMITE DA ANSIEDADE

Este capítulo que aqui se inicia versa sobre um ponto-chave da experiência humana: a ansiedade e suas repercussões. Podemos defini-la, de forma abrangente, como um conjunto de alterações emocionais, físicas e intelectuais que ocorrem diante da possibilidade do estresse excessivo, do novo, do risco, do medo, como um pacote antecipatório de medidas que visa direcionar recursos biológicos para o enfrentamento, mesmo que esse seja ainda potencial.

Sou um apaixonado pelo tema da ansiedade. Escrevi um livro inteiro plenamente dedicado aos meandros do assunto, passeando pelas causas, formas e pelos planos de combate à ansiedade desmedida, patológica e incapacitante. Aqui, buscarei alguns atalhos e simplificações, trazendo esse assunto de forma direcionada e resumida, dentro do escopo e da pretensão desta obra. Não tenha dúvida, meu caro leitor, de que este capítulo é um dos mais importantes para qualquer pessoa que busca entender melhor os fatores limitantes emocionais e cognitivos dos tempos de hoje.

Mas, antes de falar "mal" da ansiedade, gostaria de pontuar seus méritos e os motivos da sua existência ao longo da história.

Já sabemos que muitos dos *bugs* cerebrais da atualidade são, na verdade, fruto de funções evolutivas importantes, que sobreviveram aos milhares e milhares de anos devido à franca vantagem biológica que deram em determinados momentos dos nossos antepassados.

A ansiedade é uma dessas funções, uma capacidade mental que nos torna precavidos e antenados com o risco. Faz parte de um complexo sistema de envolvimento com o porvir, que nos lança ao futuro próximo, nos capacita para uma resposta rápida, intensa e vibrante, mediada por moléculas e hormônios do estresse, mais conhecida como resposta de luta ou fuga.

Costumo dizer que, se algum dia quiser fazer algo significativo, primeiro precisa ter um encontro com a ansiedade. Quem se lembra de um beijo especial, vivenciou o nascimento de um filho, foi aprovado no vestibular, encarou a prova de direção, venceu uma competição acirrada, foi promovido no trabalho, concluiu um curso, enfim, quem vive sabe o que é ansiedade, já teve que se sentar à mesa com ela antes de qualquer experiência importante, mesmo as aparentemente planejadas.

Talvez você tenha encarado a ansiedade também antes de subir no carrinho da montanha-russa, na iminência de um assalto ou no começo de um temporal. Ela espreita na dinâmica que escapa da rotina habitual sempre que tem algo relevante em jogo, ela domina o ambiente mental e, na medida certa, pode ajudar. Quando ansiosos, ficamos cabreiros, desviamos sangue, glicose e atenção para o foco de uma demanda urgente. O corpo muda de modo a priorizar os músculos, a tomada rápida de decisão, o coração se inquieta e fica pronto para dar aquele gás adicional, a respiração se superficializa; como um elástico esticado, ficamos hiperativos, dinâmicos, tensos e incomodados.

O limite da ansiedade

Diante de uma situação real, essa resposta é fantástica, principalmente quando é proporcional e de duração correta. O que seria da vida sem o frio na barriga, sem o frenesi da expectativa, sem o receio do fracasso, sem a angústia que antecede a escolha? Devemos agradecer à ansiedade por todos os ancestrais que conseguiram escapar de um grande felino, por todo combatente que seguiu seu instinto e sobreviveu a uma batalha, por toda mãe que velou o sono de um filho doente, desperta e com energia tirada do fundo de sua adrenal. Sem ansiedade, sem humanidade. Quem não sente no corpo o arrepio do medo carece do principal mecanismo de proteção da espécie.

Legal, mas então por que falar de ansiedade como um desafio para o cérebro? Infelizmente, grandes amizades podem acabar em grandes brigas, você já deve ter percebido. A ansiedade é modalidade emocional por excelência, é instintiva, antiga e profunda, é um sistema emergencial com carta branca para tocar esse modo alarmante. Muito poder, muito risco. Se o sensor se desregula, se o limiar de disparo abaixa, se a resposta é excessiva e muito prolongada, eis que a ferramenta vira âncora, eis que o sistema de proteção se volta contra o portador, gerando uma cascata de medo, tensão e insegurança. É como um alarme de incêndio que dispara quando bato palmas ou quando entro assoviando em casa; não é um bom alarme.

No caso da ansiedade, a falta de limiar e de especificidade é a base da doença. Nosso cérebro é biologicamente treinado para perceber o risco e reagir com velocidade e intensidade, como um carro de corrida com botão NITRO, sabe? Ao estilo do filme *Velozes e furiosos*: o botão ativa um circuito que libera nitrogênio para aumentar a potência do motor e serve para que haja um ganho de velocidade. A pegadinha é que o efeito dura apenas um curto período, geralmente poucos segundos. A ansiedade é assim também, eleva o rendimento por um espaço estreito de tempo, mas consome energia e vitalidade, sendo algo insustentável. É um sistema que precisa ser acionado de vez em quando, tendo um gatilho, uma intensidade, uma duração e um propósito.

Eis aqui um conceito precioso: você precisa de um pouco de ansiedade de tempos em tempos, sem a qual você não pulsará afetivamente como deveria. Mas se a ansiedade pecar no direcionamento (gatilho), na intensidade dos sintomas emocionais, físicos e intelectuais ou, simplesmente, no propósito de te ajudar ou te proteger, opa!, pode ser sinal de um dos maiores problemas da atualidade, um transtorno que custará seu rendimento e sua saúde.

Transtornos de ansiedade

Trata-se de um conjunto de doenças muito frequentes, democráticas e por vezes incapacitantes, oriundas justamente do descontrole dos mecanismos cerebrais de avaliação de risco e resposta ao estresse, o que maximiza seu impacto na saúde, levando a problemas sociais, profissionais, escolares e trazendo sofrimento para portadores, amigos e familiares. Acredita-se que cerca de 8% da população mundial sofra de algum tipo de transtorno de ansiedade, colocando esse nosso desafio no *status* de supervilão, algo a que ninguém está realmente imune. Sempre digo que, para ter um transtorno de ansiedade, basta uma coisa: ter um cérebro. Se for um cérebro *sapiens* então, aí o risco é iminente. É uma questão de saúde pública e deveria ser tratada como tal.

O limite da ansiedade

Bom, sem querer já comecei a falar mal da ansiedade, mas, antes de piorar, vamos estabelecer os limites da ansiedade saudável.

A ansiedade normal é reativa, direcionada, oferece emoções antecipadas, como antes de uma festa ou viagem. Traz um medo natural, que nos informa sobre o entorno e nos leva a cuidar de detalhes e antever problemas. Esse tipo de ansiedade perdura na medida do necessário, havendo sempre uma certa adaptação ao desconforto depois dos primeiros minutos de enfrentamento. Um estudante, por exemplo, começa uma prova à flor da pele, tenso e incomodado; em alguns minutos, está mais à vontade. Um lutador de boxe entra no ringue a mil; depois dos primeiros golpes atabalhoados, encontra a distância ideal do oponente e atinge seu equilíbrio mental, fazendo sua luta dentro da sua estratégia e treino. Muitos jogadores de futebol começam as partidas importantes ofegantes, impulsivos e com a perna dura, como dizem; em minutos retomam seu eixo, com mais lucidez e organização. Esses são alguns exemplos de pessoas em situações específicas, mas vivemos isso todo dia, na nossa jornada e nos desafios cotidianos. Com proporcionalidade, alvo e justificativa, a ansiedade é bem-vinda, mesmo que traga um ligeiro desconforto, afinal, está marcando ocorrências peculiares e reais. Difícil imaginar uma grande memória de vida completamente racional, sem o tempero da ansiedade, sem marcas de tinta límbica.

Só que existe um limite aceitável, relativamente subjetivo e pessoal; a partir daí, a resposta pode se mostrar amplificada e inadequada: a crise que surge do nada e quase faz o coração sair pela boca, o medo desmedido e incontrolável que impede alguém de entrar no elevador, a compulsão por comer de forma deletéria mesmo tendo a consciência do impacto negativo na saúde, a lembrança vívida e abrupta de uma experiência violenta após ouvir o estampido de um escapamento.

A ansiedade como doença tem várias faces, formatos e nuances, mas sempre existe um desbalanço emocional, uma supremacia de tensão com franco impacto na qualidade de vida. Sempre existe um erro de gatilho, proporcionalidade e propósito, consumindo mais energia do que gerando real proteção. Sempre há um efeito lupa, com amplificação do desafio mental e bloqueio de enfrentamento. Um quadro exuberante de ansiedade pode ser paralisante e causar profunda sensação de falta de controle sobre o corpo e a mente, gerando uma espiral com mais medo e tensão, em um ciclo que o portador dificilmente rompe sem ajuda.

O mapa dos transtornos de ansiedade

Os transtornos de ansiedade são descritos no mundo todo, em todas as culturas, classes sociais e em praticamente todas as idades, por isso digo que basta ter um cérebro para ser suscetível aos transtornos. Ainda assim, existem alguns fatores de risco e situações em que o transtorno de ansiedade se torna mais frequente. Sabemos, por exemplo, que mulheres têm um risco duas vezes maior de desenvolver a doença do que os homens; adolescentes e adultos jovens têm um risco maior do que crianças e idosos, assim como pessoas com histórico de ansiosos clínicos na família, denotando certa predisposição genética, mais intensa conforme o número de familiares acometidos e quanto mais próximo for o grau de parentesco. Com relação ao histórico de vida, sabemos que pessoas que passam por estresse excessivo, seja de forma aguda, seja de forma crônica, apresentam propensão maior a descompensar sua ansiedade.

O Brasil é considerado um dos países mais ansiosos do mundo: mais de 10% da população sofre com níveis patológicos de ansiedade. A despeito de muita gente considerar a ansiedade um problema menor, estamos falando de uma das doenças mais preocupantes do mundo, que sempre figura entre as dez doenças mais incapacitantes de que se tem conhecimento, segundo *ranking* da Organização Mundial da Saúde (OMS). O motivo pelo qual nosso país é tão ansioso ainda não é muito claro nas pesquisas, mas cabem aqui algumas especulações.

Em muitos países, uma das formas mais comuns de ansiedade é o transtorno do estresse pós-traumático (TEPT), abordado em muitos filmes de guerra ou catástrofe. É uma forma exuberante e clássica de transtorno ansioso, em que a ligação causal com um evento externo é marcante e pode levar a pesadelos, revivências e francos sintomas físicos e emocionais que acompanham o portador por muitos anos. Certamente pensando nisso, durante a gravação de uma reportagem, uma jornalista me perguntou: "Por que os índices de ansiedade são tão altos no Brasil se não participamos de guerras, se quase não temos desastres naturais?"

Embora faça sentido, a pergunta não leva em consideração outras questões. Para começar, existem muitos outros cenários de ansiedade, além da síndrome do estresse pós-traumático: fobias, pânico, ansiedade generalizada, compulsões etc. Além disso, apesar de morarmos em um país tropical, "abençoado por Deus e bonito por natureza", não estamos imunes a nossas próprias grandes tragédias. Vivemos em contexto de muita violência urbana e frequentes acidentes de trânsito, por exemplo. E temos nossos desastres naturais, sim, geralmente provocados por uma das mais terríveis forças da natureza, o homem. Escapamos de vulcões e terremotos, mas vivemos em profunda instabilidade econômica, política e social, com inequívocos impactos na saúde. Sofremos com péssima distribuição de renda e educação.

Do ponto de vista genético, ainda estamos buscando nossa identidade no mosaico que marcou nossas ondas de colonização. É possível pensar que essa miscigenação intensa e rápida – iniciada há pouco mais de quinhentos anos, pouco tempo quando se trata de seleção gênica – possa também ter contribuído para as estatísticas, uma vez que a ansiedade tem determinantes internos (biológicos) e externos (contextuais). Aliás, vai ficando cada vez mais difícil identificar tendências genéticas de um povo dentro do fictício limite de um chamado país, dada a globalização e o intenso movimento migratório.

Embora essa reflexão seja pautada em especulações, o fato é que precisamos ficar de olho na sociedade que estamos construindo, com supervalorização do estresse e da expectativa e com escassez de medidas de suporte em saúde mental e prevenção. Nosso cérebro é um grande espelho do nosso estilo de vida: se só oferecemos instabilidade, ele balança fragilmente, acreditando em uma ameaça contínua, verdadeira e atroz. Exauridos pela guerra cotidiana, seus sensores não mais reconhecem a paz, perturbam os ciclos, os hormônios, bailam no tique-taque da urgência, em uma inércia de caos e tensão que contamina nosso prazer, nosso lazer, nossa harmonia e nosso descanso.

Diagnóstico de transtornos de ansiedade

Nem sempre é fácil distinguir quando uma pessoa cruzou o limite aceitável no quesito ansiedade. Por isso, é fundamental buscar ajuda especializada na hora de fazer um diagnóstico preciso. Cabe ao leigo estar sempre com o desconfiômetro ligado, tanto para si como para as pessoas que o cercam.

O diagnóstico será pautado inteiramente na história clínica, na presença de um conjunto de sintomas existentes por um tempo razoável, de acordo com cada subtipo e principalmente diante do comprometimento da qualidade de vida. Para afirmar que alguém sofre de um transtorno, é mandatório que haja impacto inequívoco no rendimento afetivo, social, profissional e escolar. Além disso, os sintomas não podem ser mais bem explicados por outra doença clínica ou psiquiátrica.

Percebam que existem critérios que norteiam o diagnóstico, mas esse depende de uma conversa técnica, empática e sincera entre o paciente e um profissional habilitado. Nenhum exame resolve aqui. A ansiedade patológica não é identificada por exames de sangue, ressonâncias ou tomografias, mas sim reconhecida como um franco distúrbio de intensidade e contexto, mostrando ser, em determinado caso, culpada pelo sofrimento do seu portador. Não se trata de um problema do tipo tudo ou nada, mas sim de uma questão espectral. Não é como ter ou não infecção pelo HIV, por exemplo, que pode ser definida claramente por um exame específico. Aqui, nesse caso, temos sintomas que alguns sentem de vez em quando e em nível aceitável e positivo, enquanto outros sentem de forma intensa, frequente e incapacitante. Por isso, não se trata de um problema qualitativo (ter ou não ter), mas sim quantitativo (ter em nível aceitável ou não). Por isso, a sensibilidade do profissional no diagnóstico é fundamental, assim como a informação da população sobre os sintomas mais importantes e os contextos mais preocupantes.

Sabe, meu amigo leitor, o fato de todo mundo ter sentido alguma vez na vida sensações ansiosas pode, em algum grau, explicar parte do preconceito que temos atualmente com relação a esse tipo de transtorno. Como temos uma ideia vaga de como é sentir ansiedade normal, julgamos quem apresenta uma ansiedade demasiada. Mensuramos a dor alheia com a nossa régua, cultivando a ideia de fragilidade ou mesmo de exagero na descrição. Erro grave.

A ansiedade patológica aprisiona o portador, traz um sofrimento real, com componentes físicos e psíquicos intensos o suficiente para que a pessoa queira tudo na vida, menos passar por aquele sofrimento de novo. É uma das mais poderosas forças da mente, capaz de desencadear uma série de desbalanços e de levar à esquiva da vida, a fenômenos depressivos, a abusos de substâncias e até à morte. Não questionamos o sofrimento de um asmático ou diabético – ao contrário, nos compadecemos de sua patologia –, mas julgamos demasiadamente os transtornos da mente, como se fossem uma doença menor, vulgar, simples ou menos agressiva, o que não poderia estar mais longe da verdade. O impacto cotidiano do transtorno de ansiedade generalizada (TAG), por exemplo, é comparável ao da osteoartrite moderada a grave, uma doença articular que causa bastante sofrimento e limitações ao portador.

Sintomas de ansiedade

Vamos falar um pouco aqui sobre os sintomas mais frequentes dos transtornos ansiosos, para que você conheça os aspectos em que ficar de olho e também atentar se ocorrer com algum familiar ou amigo. Lembre-se de que o diagnóstico depende do conjunto da obra, não apenas da ocorrência de um ou outro sintoma isoladamente, e de que é imprescindível procurar um profissional especializado para obter o diagnóstico.

Sintomas físicos

Muitas vezes, a ansiedade se expressa no corpo. Mesmo que sua origem seja, como já sabemos, no cérebro, mais precisamente no sistema límbico (emocional), ela gera uma cascata de eventos que ativam o corpo. Essas alterações são mediadas pela adrenalina, aliada a outros hormônios (como cortisol) e a descargas do sistema nervoso autônomo (mais precisamente pelo sistema simpático). Mas vamos por partes.

Existe uma região importante no nosso cérebro que administra o medo, a tensão, a sensação de insegurança e outros comportamentos instintivos importantes. Essa região se chama amígdala e fica dentro dos lobos temporais (aqueles laterais, que se localizam na altura das orelhas). Ela é bastante conectada com outros centros fundamentais do sistema límbico, como o hipocampo (essencial na memorização), os lobos frontais (regiões mais racionais) e o hipotálamo, importante centro de controle do sistema autônomo. É esse sistema autônomo o responsável pelo controle das nossas funções viscerais, tais como frequência cardíaca, pressão arterial, digestão, diurese (eliminação de urina), controle térmico, diâmetro das pupilas etc. É um sistema meio automático, que vai realizando ajustes conforme a necessidade, mas é a via final da ansiedade e a razão de o ansioso sofrer tanto com sintomas físicos.

Isso ocorre porque o sistema autônomo é dividido em dois: o sistema simpático e o sistema parassimpático. De forma simplista, o sistema parassimpático relaxa o corpo, deixa a pressão mais baixa, faz o coração bater mais devagar e prioriza processos como a digestão. Já o sistema simpático é a base da resposta ao estresse, a chamada "luta ou fuga", é quem direciona a energia para o ganho muscular e a tomada veloz de decisão, sem titubear. Assim, o sistema simpático tende a despertar o corpo, acelerar os batimentos cardíacos, aumentar a pressão do sangue e a rigidez muscular, tirar o sono, dilatar as pupilas, fazer a respiração ficar mais rápida, entre muitos outros ajustes. Em geral, mantemos um certo equilíbrio entre os dois, com predomínio de um ou outro a depender do contexto.

Adivinhe? Nos transtornos ansiosos, ocorre a supremacia do sistema autônomo simpático (mais agudo e agitado), causada por elevação e domínio do sistema emocional de proteção frente às informações mais ponderadas e racionais vindas dos lobos frontais. Por isso os pacientes são mais acelerados, irritadiços e impacientes, amplificam o estresse do dia a dia, sofrem por antecipação, apresentam medo excessivo, apegam-se a alternativas catastróficas e precisam de um controle maior da situação para se sentirem à vontade.

E por que alguém desenvolve esse desbalanço? Não é uma pergunta fácil de responder, mas acreditamos em uma predisposição genética aliada a hábitos e ocorrências de vida, o que leva a descompensações, que podem ser contínuas ou em crises intermitentes.

Os sintomas físicos mais importantes são:

- Sensação de coração acelerado, desconforto no peito ou dor descrita como aperto, queimação ou opressão; pode ser confundida com quadros de arritmias, infarto ou problemas no estômago;

O limite da ansiedade

- Respiração ofegante ou dificuldade de respirar; pode ser confundida com quadros de asma ou outros problemas pulmonares;
- Tremores, geralmente descritos nas extremidades (mãos, por exemplo), com frequência rápida e baixa amplitude, podem ser confundidos com tremor de outra natureza, como doenças genéticas, ou com problemas na tireoide;
- Sudorese excessiva (transpiração), que pode ocorrer em axilas, testa, cabeça, peito, mãos ou costas;
- Sensação de tontura, geralmente descrita como uma impressão de estar flutuando ou balançando, andando em nuvens ou dentro de um barco, pode ser confundida com doenças do labirinto;
- Distúrbios gástricos e intestinais, como queimação, empachamento (sensação de estar estufado), náuseas, diarreia ou cólicas abdominais, durante episódios ou fases de maior ansiedade;
- Insônia, descrita como dificuldade em pegar no sono ou em mantê-lo durante a noite; crises de despertar ansioso, com medo e pensamentos negativos, que também são bastante comuns;
- Problemas sexuais, como baixo interesse, ejaculação precoce, disfunção erétil, anorgasmia (dificuldade de atingir o orgasmo), entre outros.

Além desses sintomas, a pessoa pode experimentar pupilas dilatadas, calafrios, tensão, dores musculares, pinicação na pele, choques pelo corpo, formigamentos e crises de enxaqueca. Como você pode perceber, o transtorno pode se expressar em qualquer parte do corpo, por vezes simulando doenças clínicas específicas, o que leva o paciente a buscar diversos especialistas (cardiologistas, pneumologistas, otorrinos, dermatologistas, gastroenterologistas, reumatologistas). É comum que o paciente passe por uma longa investigação física até algum profissional sugerir que, na realidade, seu transtorno tem origem ansiosa.

A manifestação física varia muito de um paciente para outro, também a depender do tipo de ansiedade em questão. Alguns transtornos são mais ricos em sintomas físicos, como o transtorno do pânico; outros apresentam mais sintomas psíquicos, como o transtorno de ansiedade generalizada (TAG), mas tanto um quanto o outro apresentam alguma associação de sintomas físicos e mentais.

Sintomas psíquicos

Eis aqui o grupo de manifestações importantes dentro dos transtornos de ansiedade. A doença nasce e se expressa de forma intensa na mente, algo totalmente involuntário e fora do controle do portador. Pessoas mais ansiosas geralmente são mais tensas e preocupadas, apresentam certo perfeccionismo e não toleram bem o risco. É claro que cada paciente é de um jeito, segundo sua construção de personalidade, suas influências culturais e seu histórico de vida, mas percebe-se algo em comum entre eles, uma inquietação interna desconfortável, manifesta principalmente diante de uma adversidade, seja real, seja imaginada. Vamos passear pelos mais importantes sintomas emocionais.

Medo e/ou insegurança

A sensação de medo é amplificada, seja na duração, seja na intensidade ou no limiar de gatilho. Muitos desenvolvem fobias, um medo limitante e muitas vezes pouco racional. A sensação pode surgir diante de um evento ou uma ocasião peculiar, mas também pode ser espontânea, simplesmente pela possibilidade de algo vir a ocorrer. O sintoma traz angústia e mal-estar, suscitando um comportamento de esquiva; o paciente acaba encolhendo sua atuação social, se fechando dentro de uma zona de conforto cada vez mais estreita. O medo é visto no TAG, no pânico, nas fobias gerais e específicas e no estresse pós-traumático, sendo um dos mais incapacitantes sintomas desses contextos clínicos. Com o sistema desregulado, a autoestima do portador fica abalada, e ele perde a segurança e a confiança no próprio controle emocional.

Angústia e sensação de urgência

Muitos pacientes mencionam um desconforto subjetivo na cabeça ou no peito, descrito como uma aflição, um faniquito, uma angústia, ou mesmo uma sensação de que algo está prestes a acontecer. Nas formas mais intensas, essa sensação pode ser contínua ou quase contínua, ocorrendo mesmo na ausência de preocupações evidentes. Esse incômodo consome energia, pois a mente fica rastreando o mundo em busca de algo que justifique essa sensação, se amarra em ruminações ou projeções negativas, sendo que esse rastreio não alivia a percepção, podendo até agravá-la, culminando em um ciclo vicioso de apreensão e mal-estar.

Amplificação do estresse

Bastante frequente, é a ampliação do risco e do estresse envolvidos em uma atividade. É comum que pequenos problemas pareçam algo imenso e sem solução, ou que dificuldades corriqueiras e inerentes a determinada situação sejam encaradas como adversidades surpreendentes e intransponíveis, com grande preocupação e sofrimento. Se dimensionando os problemas dentro da realidade, a vida já não é fácil para ninguém, imagine então se a mente amplificar o estresse relacionado a problemas pequenos ou mesmo inexistentes? Por isso é complicado trabalhar e se relacionar quando temos um nível elevado de ansiedade, ficamos mais assustados e vulneráveis, temendo coisas que são impossíveis de prevenir ou de se esquivar, sofrendo por imagens mentais de ocorrências improváveis, gastando energia e tempo em alternativas e fantasias de um pensamento inseguro e amedrontado.

Irritabilidade e impulsividade

Como a mente está tensa e predisposta àquilo que não dá certo, a pessoa já está no meio do caminho de perder a paciência e o autocontrole. O cérebro tende a tomar decisões mais rápidas, sem refletir o suficiente e sem caprichar no formato da resposta, por isso a pessoa entra em discussões desnecessárias, magoa os outros, toma condutas à flor da pele, sente-se incomodada, impaciente e intolerante, reagindo de forma ríspida, excessiva e desproporcional. Não raro, depois que se acalma, o paciente se arrepende do jeito como conduziu a situação, mas aí o leite já derramou.

Despersonalização e desrealização

A despeito de pouca gente conhecer esses sintomas, são manifestações frequentes e por vezes desesperadoras que ocorrem em quadros mais intensos. Na despersonificação, o paciente sente um certo afastamento entre a mente e o corpo, como se não percebesse ou controlasse adequadamente suas funções; sente-se esquisito, distante, uma espécie de expectador externo da própria existência. Trata-se do fenômeno da dissociação, em que a mente se descola de alguns pensamentos e memórias, geralmente como um mecanismo de defesa diante de sensações e sofrimentos intensos. Alguns pacientes podem chegar a ter uma sensação extracorpórea, referindo que durante a crise percebem-se fora do corpo ou em um lugar fora do ambiente onde está seu corpo.

A outra manifestação deste tópico é a desrealização: o paciente descreve que o mundo e o ambiente estão diferentes (como se estivesse dentro de um sonho ou um filme), que o tempo corre de maneira estranha ou que a emoção diante da vivência está completamente diferente da habitual, com sensação de incômodo ou medo, impressão de que os objetos se movem ou se apresentam de maneira esquisita, incomum. Na crise com desrealização, o paciente pode se sentir como a Alice no País das Maravilhas, vivenciando uma realidade paralela, percebendo alterações de sonoridade, coloração, tamanho ou jeito de as coisas se moverem. Também se trata de um fenômeno dissociativo, em que a impressão diante do mundo está profundamente contaminada pela ansiedade e a vivência parece fantasiosa e distorcida.

O paciente que passa por desrealização ou despersonificação nunca esquece, pois é um fenômeno tão diferente que muitos acreditam estar perdendo a lucidez. No entanto, não se trata de um sintoma psicótico, mas sim de um processo ansioso peculiar, intenso e apavorante, mas que não denota uma franca psicose ou delírio.

Além dos sintomas descritos acima, alguns pacientes desenvolvem depressão, comportamentos compulsivos, pensamentos repetitivos e intrusivos, sintomas de desatenção, esquecimentos e por aí vai, a lista é grande mesmo.

Importante notar que esses são sintomas básicos dos transtornos de ansiedade, mas que podem se manifestar e se associar de formas diferentes, compondo o subtipo específico de distúrbio ansioso, a forma clínica peculiar e reconhecível. Conheceremos a partir de agora os formatos mais importantes.

As faces da ansiedade

Dizer que alguém sofre por excesso de ansiedade é a primeira parte do diagnóstico. Atualmente dividimos os transtornos em subtipos, como se fossem o complemento do diagnóstico. Essas divisões são convenções para facilitar os estudos e tentar classificar os pacientes que apresentam manifestações mais parecidas. Toda classificação é meio artificial e um pouco imperfeita, por isso vira e mexe existem modificações, adaptações e novas diretrizes, de acordo com os mais recentes estudos e com o perfil dinâmico da população. Seja como for, considero importante delimitar algumas formas clássicas para que possamos identificar melhor esse tipo de problema.

O limite da ansiedade

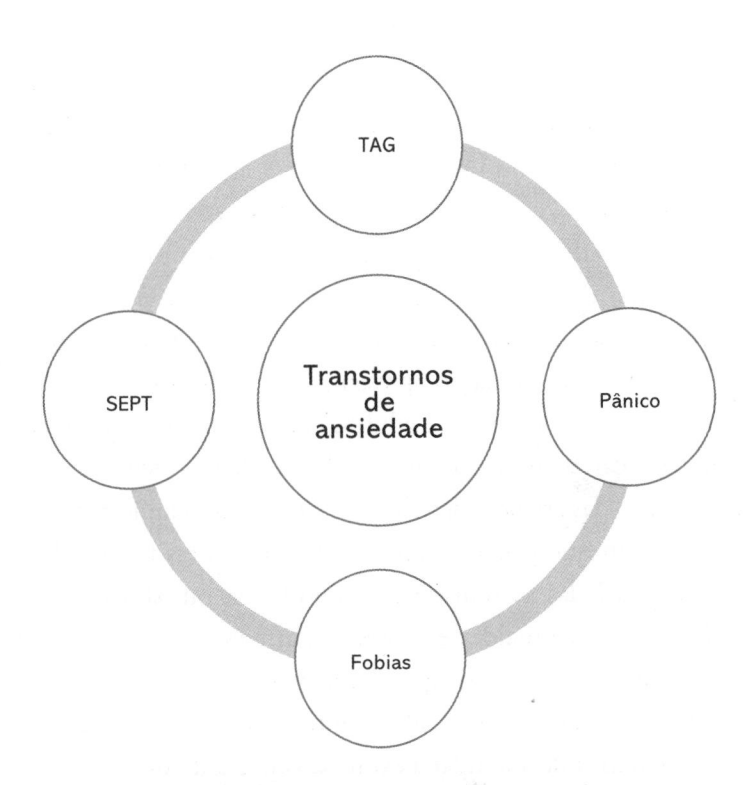

```
         TAG
    
SEPT   Transtornos   Pânico
         de
       ansiedade
    
        Fobias
```

Transtorno de ansiedade generalizada (TAG)

Começamos aqui nosso passeio por essa sopa de letrinhas. O TAG é um dos mais importantes e frequentes transtornos nos dias de hoje. Nele, o paciente apresenta uma preocupação contínua ou quase contínua. Os sintomas têm duração superior a seis meses e ocorrem durante boa parte do dia, na maioria dos dias (mais de quinze dias no mês). Aqui o portador refere tensão, sofrimento antecipado, medo, insegurança, irritabilidade e amplificação do estresse de forma tão arrastada e crônica que muitos acreditam fazer parte de seu temperamento. Os sintomas oscilam, podem não ser tão intensos e limitantes, mas estão lá, dia após dia, trazendo algum desconforto e sofrimento. São frequentes manifestações físicas como alteração intestinal, insônia, dores de cabeça e musculares, tonturas, taquicardia e fadiga, mas não costumam ser tão exuberantes e avassaladores como no transtorno do pânico. No TAG, a ansiedade é elevada de forma sustentada, como se o paciente estivesse sempre um tom acima na expectativa e na tensão geral, em um limiar mais baixo para apresentação de sintomas. Esse quadro pode ocorrer em pessoas de ambos os sexos, mas é duas vezes mais frequente nas mulheres. Cerca de 4% da população apresenta esse transtorno, que é mais recorrente em adolescentes e adultos entre 15 e 30 anos, mas que pode começar praticamente em qualquer idade – acredita-se que cerca de 2% das crianças dão sinais desse tipo de manifestação.

É comum que pessoas com TAG tenham outras formas de ansiedade associadas ao transtorno, como fobias ou pânico, e existe também um risco maior de depressão entre esses pacientes. Outra ocorrência comum e preocupante é a associação com consumo de álcool, calmantes automedicados e outras substâncias, lícitas e ilícitas, na tentativa de abrandar a expressão clínica do distúrbio.

Infelizmente, muita gente ainda segue sem diagnóstico ou sem tratamento adequado. Por conta da característica crônica do problema, do preconceito com relação à saúde mental e da cultura de valorização do estresse, muita gente toca a vida adiante a despeito do sofrimento, do gasto energético e das dificuldades no rendimento emocional e social nitidamente impostas pelo problema.

Transtorno do pânico

Essa é a forma mais famosa de ansiedade, aguda e intensa. É muito difícil alguém nunca ter ouvido falar em síndrome do pânico, até porque houve um *boom* de referências e informações sobre isso, principalmente a partir dos anos 1980.

Crises de pânico podem surgir do nada ou em situações específicas, levando a pessoa a experimentar uma série de sensações físicas e mentais que evoluem em poucos segundos ou minutos, deixando um rastro de sofrimento e insegurança. O evento é marcado por sensação iminente de perda de controle ou morte, por vezes descrita como uma angústia repentina ou uma sensação apavorante de medo, uma impressão de que não há mais saída, a sensação de estar sofrendo um infarto cardíaco ou mesmo um AVC. Normalmente, o ataque de pânico acarreta intensos sintomas físicos, como falta de ar, sensação de sufocamento, coração disparado ou apertado dentro do peito. Descrição de tremores, formigamento nas mãos e em volta da boca, sensação de desmaio ou vertigem, transpiração excessiva e contrações musculares espontâneas também são comuns.

Cada paciente sente de um jeito, com uma composição peculiar de manifestações, mas todos apresentam pensamentos catastróficos exacerbados e diversos sinais de atividade simpática excessiva (lembra do sistema autônomo que mencionamos antes?), mediada pelo excesso de adrenalina. O quadro progride rapidamente, e a percepção dos sintomas reforça o medo, amplificando o processo. A mente entra em um redemoinho: a cada novo sintoma, a impressão de vulnerabilidade piora e mais moléculas de estresse são liberadas. O paciente tende a respirar mais rápido e superficialmente, eliminando mais CO_2, o que eleva o PH do sangue e muda o metabolismo naquele momento; a tontura se intensifica, surgem mais formigamentos e contrações, o desconforto piora ainda mais.

As primeiras crises são as piores, pois o paciente é pego de surpresa e não sabe direito o que está acontecendo com o seu corpo.

O descontrole absurdo e amplificado é lido como uma doença emergencial, e o paciente adquire o franco medo de ter pânico de novo, gerando muito sofrimento entre as crises também.

Muitas vezes o paciente é levado ao pronto-socorro na primeira crise, onde realiza exames cardíacos e neurológicos que geralmente não apontam nenhum problema, apesar dos sintomas claros e inequívocos sentidos por ele. A frequência cardíaca pode estar alta, a pressão também, o portador pode se mostrar bem assustado, mas normalmente o exame físico e complementar é inocente, e a pessoa é liberada para casa. Seria excelente se todos fossem imediatamente orientados sobre a possibilidade de um diagnóstico de transtorno do pânico e encaminhados para um psicólogo, um médico psiquiatra ou um clínico com experiência nesse tipo de ocorrência. Mas o que acaba acontecendo é o paciente ser liberado do pronto-atendimento com a impressão de que não tem nada, de que deve seguir a vida como antes – até que surge uma nova crise. Ataques de pânico são urgências médicas e devem ser tratadas como tal, com todo cuidado, respeito e adequada comunicação e seguimento.

O mecanismo de rápida ampliação dos sintomas durante a crise lembra uma microfonia, você já deve ter ouvido isso alguma vez na vida. Ela ocorre quando o microfone ou um instrumento amplificado está muito perto da caixa que emite seu próprio som. Se alguém fala ao microfone, por exemplo, o som sai pela caixa e entra no microfone que está perto demais dela, saindo novamente pela caixa, entrando novamente no microfone, cada vez mais alto, agudo e insuportável. Durante um ataque de pânico, ocorre algo semelhante: após o disparo do alarme do medo, que está desajustado, o paciente sente-se mal e passa a apresentar sintomas físicos e mentais, esses sintomas por sua vez trazem mais medo, gerando mais e mais sintomas.

O limite da ansiedade

Acredita-se que de 2% a 4% da população tenha síndrome do pânico, associada ou não a outros transtornos dessa linha. O gatilho para uma crise pode ser muito variado, desde uma situação estressante até uma situação absolutamente pacata e cotidiana. Já atendi um paciente que teve a primeira crise no sofá da sala assistindo ao *Domingão do Faustão*; para outro, foi no metrô lotado, em uma situação claustrofóbica. A crise pode surgir dentro de uma sala de reunião, em um parque de diversões, no meio do trânsito. Quase sempre existe um contexto geral estressante, mas nem sempre a crise ocorre na mesma hora, podendo surgir em um momento relativamente habitual. Cerca de 25% das crises ocorrem à noite, por vezes no meio da madrugada, fazendo o paciente despertar tenso, incomodado, evoluindo com os sintomas clássicos logo na sequência.

Uma crise pode durar um tempo variável, geralmente entre quinze e trinta minutos, e costuma atingir seu ápice clínico em cerca de três a cinco minutos. Quando a crise vai embora, medicada ou não, o paciente fica inseguro, com dúvidas sobre sua saúde física ou com aflição diante do poder de sua ansiedade. Mais da metade evolui com medo intenso de ter novos eventos, evitando lugares muito cheios ou com rota de fuga complicada. O medo de passar mal pode fazer mais estrago do que o ataque em si, pois limita o enfrentamento, fazendo o paciente ser perseguido pelo temor antecipatório, mesmo na ausência de sintomas e de motivos reais para tal sofrimento. Chamamos de agorafobia, um tipo frequente de aversão ao próprio medo, um paradoxo clínico complicado em que o paciente tem medo do medo, já estando a meio caminho da sua crise de ansiedade.

Perceba aqui a clara diferença entre o TAG e o pânico. No TAG, temos uma ansiedade contínua e crônica, uma tensão persistente que impacta o dia a dia, de intensidade mais leve e duração mais prolongada, em que predominam sintomas psíquicos sobre os físicos. Já o pânico é um pico de ansiedade aguda e gigantesca, uma avalanche de sintomas físicos e emocionais (predominando geralmente os físicos) de progressão rápida, resolução em cerca de vinte minutos e recorrência variável, podendo haver uma tensão preocupante entre as crises, por insegurança. O TAG é um mar revolto, persistentemente agitado; o pânico é uma grande onda, um tsunâmi que surge de tempos em tempos, causando destruição e apreensão mesmo quando vai embora.

Perceba, meu amigo leitor, que não são patologias excludentes, elas podem estar associadas no mesmo paciente, têm a mesma natureza ansiosa; são construídas com os mesmos tijolos, mas diferentes o suficiente para motivar essa distinção.

Fobias

Fobias são medos intensos e, por vezes, pouco racionais. Quem sofre de uma fobia apresenta desconforto, aversão e/ou sintomas ansiosos diante de uma vivência ou do objeto do seu temor. Existe fobia a quase tudo: animais, altura, situações sociais, lugares fechados, agulhas, imagens peculiares, personagens, ruídos, entre muitas outras. O fenômeno pode ser mais seletivo ou mais abrangente – uns podem ter medo específico de sapos, outros podem ter fobia social, algo muito mais difuso e de mais difícil esquiva. Seja qual for, ambos partilham o mesmo processo: diante da fonte do temor, os pacientes apresentam sintomas desconfortáveis de receio, insegurança, podendo ter taquicardia, falta de ar,

O limite da ansiedade

transpirar, tremer e tudo mais que você já sabe que a ansiedade pode provocar. Note que, diferentemente do TAG e do pânico, aqui temos uma situação gatilho, estereotipada e recorrente que suscita o fenômeno, levando à limitação e posteriormente à esquiva, que pode ser muito prejudicial. Claro que o grau de impacto na qualidade de vida depende totalmente do contexto da pessoa e da fobia em questão. De modo geral, é mais fácil evitar baratas e palhaços do que elevadores e exposição social.

Aliás, a fobia social é uma das patologias mais frequentes de que se tem conhecimento: acredita-se que até 8% da população tenha sintomas intensos e aversão a situações de enfrentamento social, como falar em uma reunião, apresentar-se na frente de uma sala, entrar em um novo grupo de conversa em uma festa ou mesmo se aproximar de outra pessoa, a depender do limiar, do nível do gatilho do desconforto. É um quadro mais intenso e incapacitante que uma simples timidez; o paciente é tomado pela frequente sensação de estar sendo julgado e avaliado pelos outros, apresentando sintomas antecipatórios que evoluem, na grande maioria dos casos, com limitação no rendimento profissional, escolar e, principalmente, social. O quadro geralmente se expressa em jovens, muitas vezes na adolescência, momento em que o comportamento social assume uma importância e uma complexidade maior, trazendo problemas de autoestima, autocrítica e excesso de expectativas na *performance* pessoal. Se não for bem conduzido, é um quadro que pode levar à depressão.

Um medo pode ser amplificado por vários motivos, mas geralmente ocorre em pessoas com alguma predisposição à ansiedade (que pode ter um componente genético, como sabemos). Essa pessoa pode desenvolver um medo específico por uma exposição traumática prévia, mas também pode desenvolver esse medo por associação mental, por coisas que imaginou, viu em filmes, sonhos ou mesmo notícias. Seja como for, a expressão clínica se consolida ao redor de um objeto ou circunstância, pode ser múltipla e também se associar com outras formas de ansiedade, sendo causa e efeito do processo de adoecimento.

Síndrome do estresse pós-traumático (SEPT)

Trata-se de uma forma muito importante de ansiedade, que acomete pessoas que passaram por experiências traumáticas, como acidentes, violência urbana, desastres naturais ou qualquer outra vivência com risco potencial de morte ou agravos à saúde, seja consigo, seja como testemunha de ocorrências com pessoas próximas e queridas. Após uma situação aterrorizante, algumas pessoas desenvolvem francos sintomas de ansiedade, revivência e comportamentos de esquiva e evitação.

Para diagnosticar a síndrome de estresse pós-traumático, é importante verificar se esses sintomas persistem por mais de trinta dias após o evento e têm impacto evidente na qualidade de vida. É natural que a maioria das pessoas apresente tensão e ansiedade depois de eventos traumáticos, mas em geral se resolvem em algumas semanas ou persistem de forma muito tênue e não impactante. Na SEPT, é fundamental haver o mecanismo traumático de gatilho (evento inicial) e persistência dos sintomas, podendo haver pesadelos, sensibilidade a sons, imagens ou notícias que recordem o ocorrido.

Também existe predisposição genética para SEPT, mas o fator ambiental é bem forte e evidente, o que faz dessa doença um modelo de estudo do componente externo (vivência) nos transtornos de ansiedade.

O tratamento pode envolver medicamentos, mas é baseado em terapia, em especial o método cognitivo-comportamental.

Além das formas de ansiedade apresentadas acima, há outras modalidades como compulsões, transtorno obsessivo-compulsivo, ansiedade orgânica, depressão ansiosa, entre outras. É sempre muito importante afastar causas clínicas dos sintomas, como retirada abrupta de medicamentos ou substâncias, hipertireoidismo, uso de medicamentos, drogas estimulantes, doenças cardíacas, pulmonares, tumores que secretam substâncias peculiares no sangue. Por isso, o médico deverá fazer uma avaliação abrangente na investigação dos diagnósticos diferenciais específicos de cada caso.

Perceba que, em todos os cenários citados acima, o paciente apresenta sintomas parecidos, que variam com relação à intensidade, ao gatilho, à forma de aparecimento e à evolução. São todos processos ansiosos patológicos, passíveis de diagnóstico e tratamento, mas tendo, cada um, sua peculiaridade que justifica sua individualidade. Conhecer as variantes é uma ferramenta preciosa no rastreamento.

A ansiedade nos dias de hoje

Bom, tenho uma boa e uma má notícia. Começaremos com a má: ansiedade tem bases genéticas! Como não podemos nascer de novo, teremos que carregar nosso DNA de predisposição. Aliás, são genes que, provavelmente, tiveram pouca pressão evolutiva, pois a ansiedade nos protege desde os tempos das cavernas. Pessoas precavidas e mais medrosas teriam desfrutado de certa proteção, principalmente em ambientes mais hostis, e com isso passaram esses cromossomos adiante, povoando o mundo. Mas e a boa notícia? Não somos completamente escravos da nossa predisposição. Nem sempre filho de peixe precisa ser peixe. Temos o componente ambiental, o ritmo de vida, os hábitos, as escolhas conscientes, as válvulas de escape, e tudo isso pode nos proteger em algum grau contra esse tipo de transtorno. Se não for suficiente, o tratamento é fundamental, com psicoterapia direcionada, mudanças pontuais no estilo de vida e, eventualmente, medicamentos.

Os dias atuais são definitivamente mais ansiosos. Percebo, inclusive, uma certa valorização dos sintomas. Gostamos de estar diante de pessoas expansivas, dinâmicas, meio tensas e pilhadas, preocupadas com tudo, aprovamos e cultivamos expectativas, recriminamos o erro, valorizamos a entrega desmedida e o perfeccionismo. Peça para alguém escolher um de seus defeitos e muitas vezes a resposta "sou muito ansioso!" virá acompanhada de um sorriso, como se fosse um defeito socialmente aceitável, interessante, quase uma qualidade.

Pessoas tensas e aceleradas encontram no mundo de hoje uma certa harmonia no descompasso. Como tudo está acima do tom, rápido demais, embolado demais, elas passam desapercebidas no balanço da vida moderna, lutando internamente com suas crises, seus medos e sua dificuldade em relaxar. Muitas vezes seguem seu dia hiperdinâmico, multitarefa, temperado com cortisol e adrenalina e, ao chegar em casa, percebem que a inércia as contaminou. Seguem preocupadas, tensas, insones, pensativas, presas dentro de um turbilhão de pensamentos e afazeres que não contempla o repouso da mente. Juntamos a fome (genética) e a vontade de comer (ambiente atual).

O limite da ansiedade

Muita gente só dá importância à sua ansiedade desmedida quando sofre uma crise grave, com sintomas físicos exuberantes ou com sinal de franco esgotamento psíquico. Quantas vezes me deparei com pacientes que chegaram ao consultório dizendo: "Doutor, não consigo mais trabalhar, ou sair de casa, nem me relacionar, minha mente não me deixa em paz, estou incapacitado". Não aprendemos a reconhecer o processo durante sua instalação, ainda filhote, não damos ouvido às sensações que não paralisam, seguimos nosso cansaço diário cumprindo metas, entregando o que não temos, dobrando jornadas, passando algo na frente. Resultado: adoecemos.

E é curioso como cada um adoece do seu jeito, pois temos diferentes calcanhares de aquiles, mas a equação excesso de estresse + falta de tempo + mau gerenciamento de energia resulta sempre em disfunção. Infelizmente nos ensinam exatamente o contrário disso. Aprendemos que tempo é dinheiro, que Deus ajuda quem cedo madruga, que um bom profissional veste a camisa, produz a todo custo e entrega sempre mais e melhor. Aprendemos que ninguém nunca morreu de trabalhar ou estudar, que um dia o sacrifício será recompensado, *no pain no gain*, sem dor sem valor.

De tanto enfatizar o aspecto quantitativo da doação, esquecemos premissas básicas de saúde e equilíbrio. Esquecemos de valorizar o "não", descansamos com culpa, deixamos de tolerar o silêncio e a introspecção consciente, somos mestres em lotar a mente e amadores em esvaziá-la. Desenvolvemos uma relação esquisita com o tempo; por medo de perdê-lo, o entregamos de mão beijada para projetos alheios, tão poucos são nossos que um belo dia não nos encontramos dentro da nossa própria rotina.

A ansiedade aguarda na espreita, escondida nas colunas de nosso DNA, mas um belo dia ela adentra por uma fresta e se torna a forma de adoecer de uma boa parcela da população. Nessa medida, é uma convidada inóspita: por um lado, complica processos mentais em fases de elevada produtividade, como no início da vida adulta; mas, por outro, pode ser o freio necessário para priorizar na marra a estabilidade de um cérebro predisposto à aceleração.

Nosso grau atual de exigência é alarmante. Somos cobrados para ser super-homens e supermulheres, para levar uma vida que não cabe nas 24 horas do dia. Temos sempre a impressão de que poderíamos ter feito mais, colocamo-nos na roda viva da excelência. Somos diariamente atirados em uma banheira de adrenalina e cortisol, malabaristas de urgências, bombardeados por pedaços de perfeição. E não basta sobreviver, precisamos terminar a jornada belos, sorridentes, com o corpo sarado e exalando felicidade. É pedir demais. Dá para entregar isso vez ou outra, mas não todos os dias.

Encontrar o meio-termo é a verdadeira arte da vida. Buscar motivações sustentáveis, render o suficiente de forma renovável, sem cobrir um santo descobrindo o outro, sem abdicar da essência pessoal, evitando desviar dos mais nobres e pessoais projetos de vida, evitando que o mundo adentre sem jeito em cada cantinho da sua existência. É necessário estabelecer limites claros de saúde e privacidade, investindo tempo, dinheiro e energia para si, reforçando nossa real natureza, trazendo tranquilidade, autoestima, combatendo pensamentos recorrentes e intrusivos, adequando expectativas, fortalecendo nossa resignação diante do incontrolável e seguindo sempre novos e capacitados.

Utópico? Talvez. O mundo e a mente têm limites imprecisos, se entrelaçam, se enroscam e é difícil desfazer alguns novelos e estabelecer alguns planos de proteção. Considero o mito da saúde mental perfeita uma utopia, sim, mas acredito com convicção na vitória parcial, em vencer algumas batalhas aqui, perder outras ali, fazendo desse jogo de agressão/reparação nossa tarefa de casa, dia a dia.

Como enfrentar o problema?

Todo enfrentamento começa pelo reconhecimento. Após ler todas estas páginas, acredito que você já tenha se familiarizado com os sintomas e as formas clínicas de ansiedade. Com isso, você pode ser um agente de monitorização de si e das pessoas ao seu redor. Diante da percepção de que algo não vai bem, é recomendável procurar ajuda, obter um diagnóstico correto e se dispor a seguir um tratamento de acordo com a intensidade, o tipo e o contexto de cada um.

Sem dúvida, a psicoterapia auxilia muitos pacientes com ansiedade, e é recomendável em todos os tipos e graus, até mesmo de forma preventiva caso a pessoa tenha tendência a esse tipo de descompensação. É muito importante buscar profissionais habilitados e ter paciência com os resultados, que podem demorar de semanas a meses. O terapeuta é um ouvido técnico, capacitado a ajudar no reconhecimento e no desenvolvimento adequado de ferramentas de enfrentamento. É fundamental que haja confiança e empatia, e que o paciente aplique na sua rotina o que foi discutido nas sessões, sempre levando novas informações ao profissional para haver um tratamento personalizado e efetivo.

O psicólogo não faz milagre, não cura ninguém de fora para dentro, e sim promove saúde mental de dentro para fora. É um profissional que auxilia o paciente na revisita de memórias, no reconhecimento de sintomas, na mudança de padrões mentais desfavoráveis, na intervenção consciente, suplantando pensamentos emocionais não adaptativos, reequilibrando expectativas, ajustando sensores de medo, fortalecendo a autoestima, gerando uma franca atenuação da ansiedade. São profissionais preciosos, que merecem toda valorização, pois fazem um trabalho intenso e diário de lidar com dores alheias, exercendo sua profissão com conhecimento, humanidade e uma grande dose de arte.

Recomendo psicoterapia a todos os meus pacientes, e há determinadas linhas que entendo serem mais indicadas em contextos específicos. Importante frisar que o tratamento psicoterápico pode ser aliado ao tratamento medicamentoso, fundamental em casos de ansiedade moderada a forte. Os medicamentos são um grande divisor de águas no enfrentamento dos transtornos de ansiedade, em especial nos últimos quarenta anos. Não vou me estender sobre os detalhes, mas quero pontuar alguns aspectos fundamentais da sua aplicação.

Na prevenção da ansiedade, existem medicamentos que devem ser tomados diariamente, com regularidade, pois atenuam aos poucos o processo. São medicamentos do tipo tarja vermelha, prescritos por um médico que acompanhará o paciente durante todo o uso. Esse tipo de medicamento demora cerca de quatro a oito semanas para estabilizar o efeito da ansiedade, e o paciente deve ter paciência com relação ao alívio dos sintomas. Em geral, são fórmulas que elevam a ação da serotonina, mas algumas também apresentam ação na noradrenalina e na dopamina. Cabe ao médico estabelecer qual a melhor classe, dose e tempo de uso. Raramente são suspensos antes de seis meses de tratamento, e alguns podem ser mantidos por anos e mesmo décadas, a depender do paciente e do quadro clínico. É fundamental ter cuidado na

O limite da ansiedade

retirada, que deve ser feita com cautela, em contexto adequado e sob orientação profissional. São de uso crônico, com alguns potenciais efeitos colaterais, mas tendem a ser relativamente bem tolerados e apresentam, de modo geral, bom rendimento no controle crônico da ansiedade, principalmente quando aliados a psicoterapia e mudanças de estilo de vida.

Existem outros medicamentos utilizados na hora da crise, com efeito agudo e rápido. São medicamentos de demanda, prescritos eventualmente no início do tratamento ou no momento de uma crise intensa. São calmantes do tipo tarja preta e necessitam de receita médica mais controlada, de coloração azul. Seu uso deve ser limitado, pois podem gerar dependência em paciente predispostos ou necessidade de elevação contínua de dose para adaptação do efeito. São medicamentos relativamente seguros quando bem utilizados, mas infelizmente existe em nossa sociedade um abuso desse tipo de substância, muitas vezes utilizadas por longos períodos, como um tratamento crônico e não como um tratamento agudo e direcionado. A descontinuação desse tipo de remédio deve ser cuidadosa e sempre auxiliada por um médico.

Existem opções naturais que podem ser usadas em casos mais leves ou como adjuvante ao tratamento tradicional, tais como chás com propriedades calmantes (cidreira, erva-doce, melissa, camomila) ou mesmo fitoterápicos como o extrato de valeriana ou passiflora, mas raramente substituem tratamentos formais alopáticos em casos de intensidade mais preocupante.

A prevenção e o tratamento da ansiedade demasiada exigem mais do que medicamentos e terapia. Essas duas modalidades centrais no tratamento visam capacitar o paciente a fazer mudanças consistentes e persistentes no seu estilo de vida e na forma de encarar seus estressores – essa é a verdadeira transformação. Com novos hábitos, alguns pacientes poderão reduzir as doses e, eventualmente, ficar sem medicamentos. No entanto, alguns, mesmo com evolução no estilo de vida, ainda demandarão medicamento e/ou terapia de manutenção, por conta de contextos e fatores biológicos (internos) excessivos para ansiedade.

Vamos aos hábitos que podem auxiliar no controle da ansiedade.

Atividade física regular

Excelente adjuvante no combate à ansiedade, com impacto direto na autoestima, na regulação do sistema autônomo, com liberação interna de serotonina, dopamina e adrenalina, trazendo reflexos favoráveis à saúde física e colocando o corpo e a mente no protagonismo almejado para a recuperação dos pacientes.

Boa alimentação

Fundamental para quem busca saúde e qualidade de vida. É uma medida de autocuidado, que traz reflexões e escolhas conscientes, abrandando sensações ansiosas. Boa alimentação, nesses casos, inclui evitar excessos de estimulantes, alimentar-se de forma leve à noite e respeitar suas intolerâncias, dentro da sua relação cultural e afetiva com o alimento. Na dúvida, busque a ajuda especializada de um nutricionista ou nutrólogo capacitado a auxiliar de forma personalizada e profissional. Não é infrequente que pessoas mais ansiosas evoluam com algum abuso ou compulsão por doces ou alimentos mais calóricos. Esse aspecto costuma melhorar bastante com o tratamento do transtorno, e muitas vezes a avaliação adicional de um endocrinologista é recomendável.

Sono e repouso

Em casos de ansiedade, há elevação do tônus simpático (mais agitado), por isso é fundamental regular os parâmetros de relaxamento e respeitar os ciclos de sono. As pessoas ansiosas fazem franca amplificação do estresse e têm dificuldade em se desconectar, e pensamentos e tensões orbitam a mente e ultrapassam sua necessidade. Entre as medidas mais importantes está o reaprendizado do repouso, a capacidade de conter pensamentos e deixar estressores para depois, elevando a tolerância ao silêncio e à calmaria, levando a cabeça a um estado mais tranquilo e favorável ao adormecimento. Além dessa prática, é fundamental a higiene do sono, com rotina, regularidade e medidas auxiliares. Falaremos muito disso nos próximos capítulos. Também é preciso desligar de tempos em tempos, com pausas durante o dia, aproveitamento do fim de semana e de feriados e, na medida do possível, ajustar a quantidade de afazeres de que você dá conta em determinado tempo.

Atividades lúdicas pessoais

Isso faz muita diferença. Gostamos de coisas peculiares, que nos fazem bem, mas em geral não geram renda ou sensação de produtividade. Na verdade, com frequência consomem dinheiro, tempo e energia. Na vida adulta, como o cobertor é curto, optamos por cortar da nossa rotina o que não é "produtivo", ou seja, exatamente essas coisas que trazem "apenas" prazer. Deixamos de dançar, de jogar um jogo, de estudar um assunto por diletantismo, de cantar, de alimentar um *hobby*, de acompanhar nossos artistas preferidos, de conhecer lugares e culturas diferentes, de reforçar um talento natural, enfim, de empenhar nossos recursos em troca de simples alegria, plenitude e afago a si mesmo.

Precisamos resistir à pressão da modernidade, que implica culpa nas escolhas plenamente pessoais. Viver não se limita a dar conta do trabalho, vestir papéis sociais ou acumular recursos, mas sim buscar memórias e patrimônio afetivo, fazendo o tempo parar e ficar diferente, curioso, espirituoso, cravando uma lembrança linda e persistente, capaz de acalantar quando a vida parecer dura demais. Claro que o dia a dia é e sempre será um pouco maçante, repetido, algo sofrido, por isso intervalos lúdicos, egoístas, feitos sob medida para você, são absolutamente fundamentais. Pequenas abdicações aqui e ali nos levam a grandes conflitos na vida adulta. Quando deixamos de fazer algo por nós, morremos um tiquinho por dentro, aceitando personagens e recusando um pouco da fantasia necessária para termos plenitude e real autonomia. O mundo nos vende a ideia de que dará tempo para viver melhor depois. Talvez seja verdade para alguns, a minoria. Para não arriscar, sugiro começarmos agora e nos orgulharmos de cuidar de nós, sem culpa nem frustração.

Controle do estresse

A ansiedade redimensiona o estresse. Pessoas tensas maximizam a percepção de risco e amplificam a imagem mental do problema, que martela na mente de forma recorrente. Nesse sentido, é primordial controlar os estressores modificáveis, terceirizar problemas que não precisam passar por você e aprender a não se comprometer com aquilo que não dará conta de fazer com qualidade. Sua mente agradece. Nem sempre isso é factível, uma vez que somos rodeados por estressores não modificáveis, inerentes à nossa profissão, família ou condição social. Outra estratégia é manter boas válvulas de escape, medidas capazes de atenuar o impacto do estresse do dia a dia, impedindo sua ação contínua e sua escalada progressiva, contaminando todo o nosso tempo de vigília. Nossa modernidade precisa de filtros e pontos conscientes de interrupção, estabelecendo uma graduação hierárquica nos conflitos, de modo a não nos bombardearmos com urgências que não existem ou que não nos pertencem.

Medidas complementares

É importante restabelecer os papéis sociais, rever as influências que estamos recebendo pelas redes sociais ou mesmo de forma interpessoal, praticar atividades com poder relaxante, tais como ioga, meditação, técnicas de relaxamento, massagens, entre outras.

Este longo capítulo nos apresenta mais um desafio do rendimento emocional e intelectual presente no mundo moderno.

Os novos desafios do cérebro

Contamos aqui a história de um sistema mental poderoso, criado para nos auxiliar, mas que perde sua eficiência por genética desfavorável, ocorrências de vida e hábitos inadequados. A ansiedade é disfunção do medo e das expectativas, cresce nas sombras, não é percebida por uma sociedade que não enxerga o estado emocional alheio, que faz da vida um jogo fugaz de interesses, competição e que reduz as conversas a bate-papos de elevadores. Estamos vivendo cada vez mais, trabalhando cada vez mais, lidando com mais e mais informações e tecnologia, só que precisamos cuidar do gerador de energia, entusiasmo e vitalidade, para que não sejamos um esboço acelerado e angustiado de nós mesmos.

PONTOS IMPORTANTES DESTE CAPÍTULO

- A ansiedade é um pacote de ajustes físicos e psicológicos que antecedem o estresse, tendo uma função de proteção e preparação ao enfrentamento.
- Em sua versão benigna, ela tem um gatilho (motivação), uma intensidade e uma duração proporcional ao evento que lhe deu início; é bem-vinda e tem um propósito evolutivo muito importante.
- Estima-se que 10% da população brasileira sofra de transtornos de ansiedade, que é considerada uma das doenças mais incapacitantes do mundo.
- A ansiedade patológica traz sintomas intensos e desproporcionais, tantos físicos como psicológicos.
- Existem vários tipos de transtornos ansiosos; os mais frequentes são transtorno de ansiedade generalizada (TAG), síndrome do pânico, fobias (gerais e específicas) e síndrome do estresse pós-traumático (SEPT).
- A causa dos transtornos é multifatorial, incluindo genética, personalidade, ocorrências de vida e hábitos, por vezes estimulados pelo ritmo atual de vida.
- O tratamento deve ser personalizado e pode envolver psicoterapia direcionada, medicamentos e mudanças do estilo de vida.

TEMPO E ENERGIA, OS COBERTORES CURTOS DA ATUALIDADE

Neste capítulo abordaremos dois fatores fundamentais na compreensão do rendimento cognitivo e emocional nos dias de hoje: tempo e energia. Mais especificamente, a administração do tempo e da energia cerebral. Chamo-os, coletivamente, de cobertores curtos, pois faltam para todo mundo. São recursos finitos e profundamente impactados pelo nosso ritmo de vida acelerado, frenético, sobrecarregado e cansativo.

Quanta coisa deixamos de fazer por falta de tempo ou de energia? Pense em vivências, estudos, trabalhos, relacionamentos, em como seria a nossa vida se o tempo assim permitisse ou se o cérebro não se dobrasse ao cansaço diário, implorando seu merecido descanso? Não temos vida para tudo, nossas escolhas passam por renúncias, por isso merecem reflexões ponderadas e conscientes.

Muitos argumentarão que o dinheiro também nos limita, e é verdade. Eis aí outro fator de recurso evidentemente limitado. O dinheiro é uma criação humana, e a nossa atual relação com ele é fruto de um complexo sistema de dependência, pautado no capitalismo e na necessidade perene de conquista e gerenciamento.

Foge ao escopo desta obra abordar educação financeira, mas acho importante refletir sobre nosso engajamento mental tal qual refletimos sobre o nosso dinheiro, ou seja, como um recurso importante, limitado e que merece a melhor forma de investimento. Seja com tempo, seja com dinheiro, a matemática entre ganho e perda é que determina se o sistema é sustentável ou não. Aliás, em ambos os casos, é preciso conhecer nosso perfil pessoal, nossos sonhos e ambições para buscar soluções de médio e longo prazo, com conhecimento, método e controle de desperdício.

Tempo é memória

O tempo é o nosso ativo mais precioso, seu empenho é a própria arte de existir. Tudo o que conseguimos na vida é trocado por tempo: amores, conquistas financeiras, habilidades desenvolvidas, execução de trabalhos. É unidirecional, corre apenas para a frente; é democraticamente distribuído, pois o dia tem sempre as mesmas 24 horas, seja você quem for. É impossível criá-lo, comprá-lo ou reservá-lo para gastar depois; o que nos resta é administrá-lo com inteligência e respeito, reconhecendo sua nobreza e escassez. Nossa ampulheta é virada ao nascimento, a partir daí o tempo se esvai entre os dedos ou entre os nossos problemas.

Só existe uma estrutura biológica capaz de subverter as regras do tempo: a mente. É a única que consegue, de certa forma e com restrições, conectar de algum modo o passado, o presente e o futuro, através do elo fantástico da memória e da percepção clara de continuidade, com projeções de alternativas. Fora da mente,

Tempo e energia, os cobertores curtos da atualidade

o que existe é o presente. Isso é extremamente importante para compreendermos o paradoxo moderno da percepção mental de velocidade da vida.

Você já deve ter pensado e ouvido muita gente dizer que atualmente o tempo voa, que os anos estão passando cada vez mais depressa, que o dia já não rende mais como antigamente. É, meu amigo leitor, passa o carnaval, pisca-se o olho, já é Natal outra vez. Por que temos a sensação de que o tempo nos escapa?

Na verdade, o tempo tem um ritmo estável, mas o nosso cérebro não. O tempo não está passando mais rápido, mas a nossa mente o atravessa de forma mais acelerada, dando a impressão de uma existência mais curta e efêmera. Esse fenômeno ocorre porque a sensação de passagem de tempo depende da consolidação de memórias, de fixação de vivências novas e relevantes. Nessa medida, a passagem do tempo não depende dos fatos, e sim das lembranças. Se fixo poucas memórias intensas, tenho a impressão subjetiva de que o período passou mais depressa. Esse é o pulo do gato para viver mais: viver melhor, com mais clareza, com mais emoção e com mais plenitude. Exatamente o que falta hoje em dia.

Estamos empanturrados de rotinas recorrentes e vazias, seguimos robotizados e ausentes do presente, fazemos muito, mas fixamos poucas memórias multissensoriais. No afã de fazer mais, vivemos menos. É a incoerência da modernidade: corremos para fazer mais em quantidade, mas entregamos pouco em qualidade. Nossos dias são cheios, rápidos e intensos, mas, quando chega o fim de semana, não conseguimos enumerar experiências realmente diferenciadas, falta matéria-prima para a memória.

Parte importante da nossa existência, aliás, está sequestrada dentro do processo profissional, que, com o passar dos anos, perde seu apelo emocional e se torna repetitivo e pouco estimulante.

E não basta entregarmos uma quantidade elevada de tempo ao trabalho: entregamos as melhores horas do nosso dia. Quem inventou o tal horário comercial, das 8 às 18 horas, com algumas variações, pediu a nós, trabalhadores, nossas horas de melhor qualidade. Durante a manhã e no começo da tarde estamos mais dispostos e descansados, fazemos escolhas melhores, estamos com o cortisol no pico, sedentos pela execução. No fim do dia, o ambiente profissional nos devolve cansados para que só então possamos usufruir de nós mesmos, de nossos prazeres, da nossa família. Sem pique para boas escolhas, optamos por cair no sofá, pois no dia seguinte o ciclo recomeça e seguimos nessa toada sem refletir. Falaremos bastante sobre a fadiga ainda neste capítulo e esse conceito voltará mais adiante.

A modernidade criou ainda outra problemática: saímos do trabalho, mas o trabalho não sai mais da gente. O senso perene de urgência e a hiperconectividade fazem com que levemos o trabalho para casa na cabeça e no bolso, nascendo uma nova forma de exploração, que nos obriga à disponibilidade incondicional e ao exercício contínuo da profissão, prejudicando nossas relações pessoais e mesmo íntimas, como o nosso sono.

Não tem outro jeito: se quisermos que o tempo pegue leve com a gente, precisamos desacelerar. A única forma de saborear a vida é passar a mente pelo tempo com parcimônia, engajamento consciente, atenção e alguma complexidade. Quanto mais corrermos contra o tempo, mais nos esvaímos de boas lembranças.

A sensação de que a vida passa mais rápido à medida que envelhecemos é um bom exemplo dessa dinâmica mente *versus* ritmo. Quando jovens, somos bombardeados pelo novo, pelo encanto, por expectativas otimistas que tingem os fatos com cores mais vivas e fabricam mais memórias. Com o passar dos anos, as

Tempo e energia, os cobertores curtos da atualidade

coisas parecem repetidas, rotineiras – já vimos antes, já ouvimos falar –, parecem menos interessantes. Com isso, fica mais difícil temperar as ocorrências com ineditismo e vivacidade. Resultado: temos a impressão de que o tempo passou mais rápido.

Ocorrências só contam no relógio vital se formarem memórias, se gerarem reflexões e ponderações novas, é o que congela o ponteiro, segura nossa ampulheta um tiquinho e nos dá a sensação de que o período foi bem aproveitado. O construto do tempo não é o dinheiro, mas o patrimônio de recordações. Por isso ouso aqui reescrever o adágio americano: tempo não é dinheiro, *time is memory*! Se você gasta tempo demais formando memórias de menos, esse é o verdadeiro desperdício.

Bom, mas se nosso tempo já está todo comprometido, de onde tiramos mais tempo para cobrir o rombo? Já sabemos, tiramos de nós mesmos. Sem tempo de sobra, rifamos os prazeres, o descanso, o lúdico, o artístico, o religioso, o sono. Eis que a vida carece de vida. Eis que pequenas carências são acumuladas e sedimentadas. Comprometidos com projetos alheios, sofremos para arrumar um espaço para a gente na nossa própria agenda. Quando acontece, esse espaço é preenchido com culpa e a impressão subjetiva de estarmos fazendo algo errado. Triste falha de prioridade.

Mas... tem solução? Talvez. Se criarmos uma nova relação com o tempo, valorizando a complexidade e o rendimento emocional e cognitivo, migraremos da quantidade de afazeres para afazeres de qualidade. É um começo. Se deixarmos de dividir a vida entre pessoal e profissional, se conseguirmos colocar a vida dentro do trabalho – significando ritmo saudável e respeito à boa saúde mental –, teremos ao menos uma chance.

Esse novo caminho exige novos paradigmas. É preciso reestruturar o sistema e valorizar a presença consciente, multissensorial e lenta. Sem pisar no freio, nosso cérebro camaleão seguirá vivendo "50 anos em 5", como diria Juscelino. Que tal viver cinquenta anos em cinquenta mesmo, ligando e desligando nossa ansiedade de forma razoável, entrando e saindo do estresse de forma racional, ficando quase sempre inteiros, sedimentando aprendizado e memórias durante a jornada, com a velocidade certa para curtirmos as paisagens da caminhada, pois a estrada da vida possivelmente não vai nos levar a destino nenhum.

O desrespeito aos ciclos biológicos

Uma das trocas mais prejudiciais que fazemos em relação ao tempo é a troca entre a vigília e o sono. Nosso mundo evoluiu apaixonado pela vigília. Queremos tanto aproveitar a vida com os olhos abertos que rifamos parte imprescindível do nosso ciclo biológico em prol da produtividade do agora. A médio e longo prazo, isso cobra um preço alto.

Dormir não é um capricho, um luxo ou desperdício de tempo; é obrigação. Sem isso, a vida intelectualmente ativa seria inviável. O sono pode parecer uma solução perigosa aos olhos da evolução, mas foi a única medida capaz de equacionar os problemas de gerenciamento de energia, reparação tecidual, organização hormonal e imunológica, entre outros.

A privação total de sono é incompatível com a vida. Se parássemos abruptamente de comer e de dormir (vamos imaginar que isso fosse possível, claro), morreríamos primeiro por falta de sono. Nossa concentração e nosso rendimento emocional e cognitivo seriam os primeiros aspectos afetados; depois, viria a dificuldade de raciocínio e lucidez; por fim, em poucos dias, o

Tempo e energia, os cobertores curtos da atualidade

organismo entraria em colapso. Existem experimentos e mesmo doenças que geram privação grave de sono e nos mostram a cadeia rápida de eventos que levam ao desbalanço de todo o metabolismo. Por isso, o mecanismo de entrada no sono é tão eficaz. A cada privação, nosso sono aumenta e se torna irresistível, levando a um adormecimento na marra.

Outra coisa: a evolução nos faz dormir porque isso é melhor (mais adaptativo) do que ficar vinte e quatro horas acordados, certo? Ou seja, a natureza acha que é melhor colocar um mamífero em repouso no meio da selva, de olhos fechados, parado, com pouca interação com o ambiente e mais relaxado, do que mantê-lo acordado. Só isso já mostra o quanto o sono é precioso, meu amigo leitor. Imagine que muitos animais devem ter sido atacados por seus predadores enquanto estavam dormindo por aí, mas mesmo assim, do ponto de vista biológico, é mais vantajoso ter esse estado de consciência parcialmente comprometida durante um terço da vida.

Falando nisso, que tempo longo passamos dormindo, não? Uma pessoa de 75 anos passa cerca de 25 anos dormindo, e sonhando durantes seis desses anos; é a atividade isolada que mais realizamos na vida e nos faz *experts* em sono. Mas a contragosto, pois nossa sociedade não valoriza o descanso. Critica quem dorme mais, vangloria quem dorme menos, como se fossem heróis modernos. "O tempo é precioso", eles dizem, "não desperdice dormindo". Quanta bobagem.

Precisamos mudar o paradigma. Sono normal não é desperdício, é investimento em saúde, com rendimentos a curto e longo prazo. Dormir ainda é um dos principais pilares do equilíbrio físico e mental, além de ser um tapa na cara dos compromissos alheios. Ninguém dorme pelos outros, dormimos por nós. Quem dorme se cuida, se protege, e quem o faz sem culpa entende claramente a necessidade de estar e se sentir bem, é alguém diferenciado.

Os novos desafios do cérebro

Com tudo o que conversamos até aqui, espero que você tenha adquirido uma visão muito mais biológica e racional sobre o sono, não o tratando como moeda de troca sempre que a vida pedir mais tempo. Sei que não é nada fácil, pois sofremos pressão de todos os lados, mas a consciência global em saúde ajuda na hora de estabelecer prioridades. Vejo, atualmente, dois claros grupos de privação:

GRUPO 1
Pessoas que gostariam de dormir mais, mas não podem

São aquelas que dormem tarde e/ou acordam cedo para realizar atividades pessoais ou profissionais. Descansam menos de sete horas por noite, durante longos períodos da vida, podendo passar por sintomas eventuais de sonolência, cansaço e falta de concentração.

É um grupo que tem aumentado muito, porque o trabalho acaba tarde, as cidades têm muito trânsito e, ao chegar em casa, essas pessoas ainda precisam realizar afazeres obrigatórios como se alimentar e tomar banho, por exemplo, rifando boa parte do período disponível para seu desenvolvimento pessoal e autocuidado mais refinado. Cansadas e sem energia, é comum ficarem na inércia do celular ou da TV, ultrapassando com frequência o horário ideal para o início do sono. A vida pessoal e familiar se espreme na primeira metade da noite, roubando um tempo precioso de real descanso, em tese por uma justa causa – o trabalho. Ao raiar do dia, soa o despertador, e o repouso é amputado à força, a vigília bate à porta da consciência,

Tempo e energia, os cobertores curtos da atualidade

é urgente, o horário comercial cobra novamente sua disposição. Perceba que nesse grupo existe privação de sono por falta de engajamento e doação e por carência de comportamentos que valorizem a quantidade e a qualidade do sono.

GRUPO 2
Pessoas que poderiam dormir mais, mas não conseguem

São aquelas que têm dificuldade para iniciar ou manter o sono, mesmo que disponham de um período adequado para isso. Assim se define o quadro de insônia, principalmente quando traz repercussões na qualidade de vida nos dias subsequentes. A insônia é um problema muito frequente na atualidade, atingindo cerca de 10% da população adulta e sendo duas vezes mais frequente em mulheres. O risco é geral, mas muitos estudos mostram um risco adicional para idosos, trabalhadores de turnos (como porteiros, enfermeiros e socorristas) e portadores de doenças crônicas.

As causas são variadas e podem ser múltiplas em determinados pacientes. Sabemos que existe uma tendência genética, mas também há muito impacto do ritmo de vida, da relação com a noite e a hora de dormir, de processos hormonais, doenças clínicas e mesmo disfunções de origem psíquica. Por exemplo, a ansiedade e a depressão são duas causas frequentes de dificuldade para dormir, mas a lista é grande e inclui descontrole ambiental, abuso de substâncias, burnout, medicamentos, entre outros fatores. Por isso, na investigação de um quadro de insônia, o médico deve fazer um diagnóstico bem abrangente, buscando as causas, o tipo e a repercussão do problema.

Os vários tipos de insônia

Costumamos dividir didaticamente a insônia em alguns subgrupos, o que pode ajudar no raciocínio sobre a melhor conduta.

Quanto à duração do problema

Esta distinção é um tanto arbitrária, mas importante na prática clínica:

- Insônia aguda: até quatro semanas; em geral, o fator causal é mais claro e o tratamento é mais fácil. Por isso importante buscar ajuda o quanto antes.
- Insônia subaguda: entre quatro e doze semanas.
- Insônia crônica: acima de doze semanas; em geral, o tratamento é mais delicado, principalmente se a duração for muito longa (anos ou décadas).

Consideramos um paciente insone quando ele mostra dificuldade para dormir acima de duas vezes por semana e relata impacto na qualidade de vida. Abaixo dessa frequência, podemos pontuar que se trata de uma insônia eventual, episódica.

Quanto ao tipo de insônia

Estas formas de insônia podem se misturar no mesmo paciente; nesse caso, chamamos de insônia do tipo misto:

- Insônia inicial: é o tipo mais comum de insônia. O paciente tem dificuldade para pegar no sono, fica virando de um lado para o outro na cama, sem conseguir adormecer, em geral por mais de trinta minutos, que é considerado um tempo aceitável para pegar no sono. As causas podem ser estresse, ansiedade, ambiente desfavorável, substâncias, dores, refluxo, entre muitas outras.
- Insônia de manutenção: ocorre quando o paciente consegue adormecer, mas desperta no meio da noite, uma ou mais vezes, e tem dificuldade para voltar a dormir. É importante frisar que a maioria das pessoas acorda no meio da noite, mas geralmente volta a dormir em alguns minutos. Quando isso não acontece, o sono fica descontinuado, de baixa qualidade, e impacta no rendimento.
- Insônia terminal: ocorre quando o paciente pega no sono rapidamente e dorme quase a noite toda, mas desperta muito cedo, sem sono, antes do horário que gostaria e sofre prejuízo na qualidade de vida por conta disso. Esse tipo é relativamente comum em pessoas com depressão ou em idosos, que tendem a dormir mais cedo e despertar nas primeiras horas da manhã, acordando com as galinhas, como dizem.

Quanto à causa

Podemos classificar o transtorno segundo a sua causa, delimitando duas categorias distintas, a saber:

- Insônia primária: sem causa identificável, potencialmente genética.

- Insônia secundária: causada ou agravada por problemas clínicos ou psicológicos; nesses casos, o tratamento da causa de base pode ajudar muito no controle da insônia.

Sono saudável

Consideramos um sono adequado aquele que tem duração, qualidade e que é capaz de cumprir sua tarefa, restabelecendo o corpo e a mente para uma nova jornada de vigília. Perceba que não se trata meramente de dormir "tantas horas por noite", é mais complexo. É fundamental que o processo de descanso seja reparador e isso é resultado de uma estrutura interna bem peculiar, com quantidade de sono profundo adequada e uma série de funções capazes de te preparar para o enfrentamento no dia seguinte.

Em adultos, acredita-se que um sono de seis a nove horas seja aceitável. A necessidade varia de uma pessoa para outra: alguns são dormidores mais curtos (necessitam de menos tempo), outros são dormidores mais longos (precisando de mais horas para se sentir bem); tem a ver com aspectos genéticos e culturais. Fora desses parâmetros, o paciente já deve atentar com relação a formas não saudáveis de lidar com o sono.

Outra coisa que impacta essa necessidade é a idade e a condição de saúde da pessoa. Se avaliarmos um bebezinho, por exemplo, veremos que dorme cerca de dezesseis horas ao dia, em padrão multifásico, ou seja, acorda e volta a dormir várias vezes. Durante a infância, esse tempo vai diminuindo aos poucos e evolui nos primeiros anos de vida para um padrão monofásico, que significa um ciclo único de descanso, um bloco noturno que chega a cerca de oito a nove horas na adolescência. Mas claro que, em dias cansativos ou quando ocorre alguma privação em noites anteriores, pode haver a necessidade de um cochilo à tarde.

Durante a idade adulta, a necessidade média fica entre sete e oito horas, mas o sono muitas vezes é atrapalhado por preocupações, pressões, perdas, trabalho ou mesmo por ansiedade e depressão. Acima dos 60 anos, o padrão mostra novas alterações e fica mais sensível a disfunções devido a dores e doenças clínicas. É um grupo que tende a dormir de seis a sete horas em bloco, despertar mais cedo e voltar a ter sono depois do almoço, migrando de um padrão monofásico (um bloco) para um padrão bifásico (dois blocos).

Além da duração, é fundamental ter uma boa estrutura. O sono não é sempre homogêneo: durante nosso repouso passamos por fases bem definidas de sono leve, pesado e a peculiar fase de sonhos. É muito importante ter uma organização estrutural boa, senão a pessoa pode dormir oito horas direto, mas ainda assim despertar com sonolência e fadiga, como se não tivesse descansado adequadamente.

Isso é algo que acontece com frequência com pessoas que têm apneia do sono, um transtorno muito comum. Ocorre em especial em homens de meia-idade, acima do peso e com pescoço mais largo e curto, mas também pode ocorrer com mulheres pós-menopausa ou com pessoas que tomam relaxantes ou muito álcool à noite. Nesse transtorno, a pessoa tende a roncar em excesso e ter episódios recorrentes de bloqueio da respiração, que levam a centenas ou milhares de pequenos despertares. O padrão do sono se torna mais leve e superficial, estragando toda a arquitetura do descanso e o rendimento noturno, e o descanso não é reparador. As consequências aparecem durante o dia seguinte, pois o paciente fica lento, sonolento e menos produtivo. É um exemplo clássico de repouso com duração adequada, mas que não é eficaz.

O estudo do sono tem se aprofundado muito nas últimas décadas, e esse período que era antes visto como uma fase passiva de descanso, que poderia ser eventualmente negligenciada, atualmente é visto como um oásis de saúde, uma necessidade primária para quem busca uma vida saudável, renovável e com qualidade. Os estudos atuais mostram que durante o sono ocorrem uma série de ajustes físicos, emocionais e cognitivos que não acontecem em nenhuma outra fase da existência. Por isso, não existe outro caminho para cuidar da vigília senão cuidar do sono, encerrar um dia e anteceder o outro, fazendo essa conexão delicadamente.

Dividimos didaticamente a estrutura do sono em três períodos bastante diferentes: fase superficial, fase profunda e sono REM (ou paradoxal). Essas fases se alternam, gerando ciclos completos a cada noventa minutos. Como dormimos em torno de oito horas por noite, passamos por cinco ciclos completos, mas, na segunda metade da noite, a fase REM, conhecida por ser a fase dos sonhos, apresenta maior duração.

Cada uma dessas fases tem suas peculiaridades e funções, tanto no cérebro como no corpo. Em cada uma delas, o corpo passa por diferentes graus de relaxamento muscular, ajustes de frequência cardíaca e pressão arterial, liberação de hormônios, reparação de tecidos, ajustes imunológicos etc. O corpo está ativo durante o processo do sono, em um grande canteiro de obras que viabiliza o nascer do próximo dia. Julgamos que é um período passivo, pois estamos com baixa percepção e reação ambiental, geramos poucas memórias conscientes, temos a impressão de que o tempo voou pela noite. Mas, acredite, existem mais coisas entre um dia e o outro do que sonha nossa vã filosofia.

Vejamos cada uma dessas fases no detalhe:

SONO SUPERFICIAL

É dividido em duas fases. A fase 1 é curta, dura poucos minutos, e tem o papel de fazer a suave transição entre a vigília e o sono. Ainda estamos bem sensíveis aos estímulos mais intensos do meio externo e podemos experimentar a sensação de estar caindo ou ter contrações musculares repentinas, as chamadas mioclonias fisiológicas, um evento relativamente comum e em geral benigno. A fase 2 é mais longa e é quando ocorre mais relaxamento muscular e afastamento do ambiente. O coração começa a desacelerar. A mente ainda mostra certa atividade intermediária, mas vai se encaminhando progressivamente para o sono profundo.

SONO PROFUNDO

Também conhecido como sono de ondas lentas (e mais sincronizadas). Ocorre uma redução intensa da atividade cerebral, do ritmo cardíaco e da pressão arterial, com relaxamento dos músculos ainda maior. É uma fase de reparação e organização física, fundamental para o descanso e a retomada da estabilidade do organismo. Em geral, não há sonhos estruturados, mas podem ocorrer fenômenos bem conhecidos e frequentes, como sonambulismo e terror noturno.

> ## SONO REM (OU PARADOXAL)
>
> É a fase mais fascinante e curiosa do sono, completamente diferente das outras fases e da vigília. A sigla REM vem da expressão em inglês Rapid Eye Movement, que significa "movimento rápido dos olhos": nessa fase, o corpo está parado em profundo relaxamento, no entanto os olhos se movem com velocidade sob as pálpebras. Essa fase é chamada de "sono paradoxal", pois o corpo está distanciado do meio, profundamente adormecido e relaxado, mas a mente está bastante ativa, com ritmo cerebral intenso, como se estivesse acordada, mas apenas para dentro de si. É quando ocorrem os sonhos mais estruturados, construtos mentais complexos, por vezes bem confusos e fantasiosos, com franco envolvimento de memórias e aspectos emocionais.

Durante uma noite passamos diversas vezes pelas fases descritas acima. Note que existe um certo padrão de arquitetura do sono para que o período possa ser eficiente e reparador. Diversos estudos apontam para problemas de saúde relacionados a falta de sono ou um sono de má qualidade.

Sintomas de noites maldormidas

Sentimos logo no dia seguinte os efeitos de uma noite maldormida. Cansaço e indisposição, irritabilidade, dor de cabeça ou muscular, sensação de tontura, sonolência excessiva de dia. No rosto, mais olheiras e acne; na mente, pioram os sentimentos ansiosos ou depressivos. Perceba que esse impacto é imediato, o que comprova que o sono é necessário mesmo na avaliação de saúde no curto prazo.

Muita gente se priva de sono em intervalos frequentes e não percebe claramente a relação disso com seu grau de irritabilidade e de desatenção no dia seguinte, o que aumenta o risco de acidentes, sejam de trânsito, sejam domésticos ou de trabalho. Aliás, essa é uma questão muito importante, uma vez que estamos rodeados de pessoas que dormem muito pouco e dirigem no dia seguinte; o impacto da privação de sono é semelhante ao estado de embriaguez no volante ou ao uso de celular. Isso toma proporções ainda mais graves quando se trata de motoristas profissionais ou de aplicativo, que por vezes fazem jornadas longas e ininterruptas e colocam toda a sociedade em risco. Outra questão que se coloca é o uso de estimulantes, que conduz a pessoa a uma falsa vigília, desatenta e preocupante, com entradas abruptas em sono (latência baixa) e elevado risco de acidentes.

Queremos pessoas completas, inteiras, descansadas. Esse é o nosso melhor, simples assim. Precisamos ser melhores e cobrar a sociedade por essa melhora também. Como seria nossa comunidade se todos estivessem com o sono em dia? Será que queremos policiais privados de sono? Ou que um cirurgião que dormiu apenas quatro horas realize a operação para a qual você vem se preparando há meses? Atualmente é impossível discutir excelência cognitiva e emocional sem discutir a dedicação e as condições para o próprio repouso. Nossa sociedade recrimina o sono, mas paga o custo crônico dessa crítica.

Falar é fácil, dormir bem é difícil. Principalmente com a carga de trabalho e o excesso de demandas atuais. Muita gente passa horas no traslado entre a casa e o trabalho. Entram cedo no serviço, acumulam empregos para dar conta da demanda financeira da família, vivem em locais barulhentos ou sem condições ambientais para um repouso de qualidade. Mas insisto no recado: dormir não é um luxo, não é opcional; toda hora roubada do sono custa caro ao organismo. Pode até parecer que você vive mais por hoje, mas tenha certeza de que amanhã a sua qualidade de vida será prejudicada e o risco de doenças e mortalidade aumentará.

Impactos da privação de sono a médio e longo prazo

Há pessoas cujo sono segue inadequado por meses, anos ou até décadas, seja por insônia, seja por falta de dedicação, e elas sofrem consequências evidentes. Aumenta o risco de ganho de peso e obesidade, pois ocorrem desbalanços hormonais, com redução da atividade da leptina (hormônio de saciedade) e aumento da atividade da grelina (hormônio da fome). E mais: quem dorme mal assalta mais a geladeira à noite e faz escolhas alimentares piores durante o dia, uma vez que se sente mais cansado e desmotivado para abdicações a autocontrole.

Interessante notar que o ganho de peso, por sua vez, piora o sono, pois aumenta o risco de apneia e insônia, fechando um ciclo vicioso preocupante em saúde pública. O risco cardiovascular também é maior nas pessoas que dormem sem qualidade, tanto pela perda do ajuste cardiovascular noturno (quando o coração bate mais lento e a pressão mostra-se mais baixa) como pela liberação maior de adrenalina e cortisol no dia seguinte,

Tempo e energia, os cobertores curtos da atualidade

levando a um estresse físico maior na luta contra a sonolência, com mais inflamação no corpo e piores índices de saúde geral.

Também pode haver prejuízo no controle da glicemia, nos níveis de colesterol e triglicérides, impactando na elevação do risco de infartos, arritmias e acidentes vasculares cerebrais, principalmente se a pessoa tiver outros fatores agravantes, como predisposição genética, hipertensão, excesso de gordura visceral, tabagismo, entre outros. O próprio sistema imunológico pode mostrar dificuldades nessas condições, facilitando infecções virais ou bacterianas ou agravando eventos de autoimunidade (o sistema imunológico se desregula e passa a atacar um ou mais tecidos do próprio corpo).

Do ponto de vista emocional e intelectual, o prejuízo também é quantificável. Privações longas e crônicas de sono levam a redução de reflexos, lentidão de raciocínio, queda na criatividade e na capacidade de resolução de problemas, queixas de memória e concentração, tendência a procrastinação e mau humor. Além disso, pode ser um fator de risco para ansiedade e algumas formas de depressão (principalmente quando o paciente já tem tendência a esses problemas).

Acredita-se que a fase REM seja fundamental para a estabilidade cognitiva e emocional. Durante esse período, ocorrem indícios de organização de memórias e informações, aprendizado e testes criativos e emocionais. O cérebro mostra-se mais ativo do que na vigília, em uma ação peculiar, menos controlado pelos lobos frontais e mais liberado para ação límbica, emocional. Com isso, ele costura vivências antigas de modo anedótico, com enredos livres de amarras racionais e sem tanto julgamento crítico, surgindo histórias mirabolantes e esquisitas, por vezes constrangedoras, cômicas ou aterrorizantes. Essa atividade cerebral livre pode trazer lampejos de soluções criativas, como descrevem autores, pintores e mesmo cientistas. São inúmeros os relatos de algo ter sido visto inicialmente em um sonho e depois transportado para a vigília por uma lembrança: a arte do pintor espanhol Salvador Dalí, a estrutura da molécula do benzeno descoberta pelo químico alemão August Kekulé (que sonhou com um uróboro, no caso uma cobra comendo o próprio rabo), a melodia de Paul McCartney para *"Yesterday"*. Isso é plenamente possível e compreensível. Sonhos são atividades cerebrais, uma colcha de retalhos de experiências e informações prévias, costurada com linha emocional. Ao despertar em meio a um sonho, existe uma linha de memória tênue, mas forte o suficiente para trazer a informação para a vigília ou ordenar o pensamento de modo que a mente possa ter uma ideia brilhante ao acordar de manhã, por exemplo. Por isso, o comprometimento do sono com a intelectualidade é duplo: tanto no ajuste e na organização de coisas vividas nos dias anteriores como na preparação mental para o dia seguinte.

Muitas vezes vamos dormir com a cabeça a mil, cansados, com vários pensamentos concorrentes, preocupações paralelas e uma sensação de franca fadiga e incapacidade de articular e resolver os próprios problemas, parece que o mundo está acabando. Não raro, acordamos mais leves e organizados, dispostos, capacitados a resolver os percalços, enxergando os problemas com mais proporcionalidade e mais realismo. É o milagre do sono reiniciando a mente e alocando as coisas nas gavetas certas. Claro que dormir não resolve tudo, mas é um bom começo quando nossa cabeça dá sinais francos de sobrecarga.

Sono é ritmo, regularidade e dedicação. Sejamos agentes do nosso próprio ciclo. Muita gente espera o sono chegar, esquecendo-se de que pode ir em direção a ele. A seguir, vou citar brevemente algumas medidas que podem auxiliar na obtenção de um sono mais saudável, mas já adianto que algumas dificuldades não serão solucionadas por essas medidas, porque são decorrentes de insônia (um transtorno multifatorial que exige diagnóstico e tratamento) ou outros transtornos que justificam uma avaliação médica individualizada.

Higiene do sono

Esse termo é muito usado em estudos sobre o comportamento acerca do sono. Não gosto muito, pois dá a impressão meio esquisita de limpeza ou purificação, e não é bem por aí. Não obstante, é um conceito consagrado e recorrente em saúde, que visa estabelecer hábitos benéficos ao sono, que acabam também por ser bons para a saúde em geral, pois não têm efeitos colaterais, são relativamente fáceis de pôr em prática e conectam-se a um conceito amplo de autocuidado.

Como é importante virar essa chave na nossa rotina. Chega um momento que precisa ficar claro que podemos até usar as reservas do nosso sistema biológico, mas, assim como o cheque especial do banco, usar essa reserva por longos períodos levará à cobrança de juros absurdos, pagos em qualidade de vida. Perder um pouco de sono aqui e ali não é problema, pois o sistema se ajusta a um estressor pontual, mas fazer disso uma regularidade é sedimentar um hábito que é tanto causa como efeito de parte da nossa fadiga diária. Nesse sentido, vigiar o sono é muito importante, como medida preventiva e como termômetro do nosso equilíbrio emocional, uma vez que ele é um dos primeiros ciclos a se modificar em fases de mais tensão ou disfunção da saúde psíquica.

Regularidade

Um dos maiores sincronizadores do ciclo sono-vigília é o hábito. Dormir e despertar mais ou menos no mesmo horário é uma medida capaz de ajustar nosso relógio biológico. É um tipo de comportamento condicionado, recorrente e metódico, que ensina o cérebro a definir seus alarmes internos e a trabalhar dentro de certa previsibilidade. Isso é ainda mais importante para pessoas com tendência à insônia e para a regulação do sono de crianças, que são bastante sensíveis à rotina. É recomendável manter essa regularidade não só nos dias úteis como nos fins de semana e feriados também, claro que dentro de um limite aceitável e com bom senso.

Se for dormir mais tarde, busque compensar rapidamente, nas vinte e quatro horas seguintes. Muita gente se priva do sono durante a semana e resolve compensar dormindo mais no fim de semana, mas isso infelizmente não funciona bem, pois boa parte dos malefícios da privação já ocorreram e há grandes chances de o corpo despertar no ritmo que foi ensinado durante a semana. Quantas vezes você já pensou, "amanhã eu posso dormir até mais tarde, que bom!", mas despertou pontualmente às seis da manhã e não conseguiu mais dormir? Esse é o poder do hábito.

Controle ambiental

Um descanso de qualidade demanda investimento no ambiente. Nossa mente se beneficia de um ambiente aconchegante, silencioso, limpo, escuro e com bom controle térmico. Nem sempre alcançar isso é tarefa fácil, principalmente nas grandes cidades. O ruído externo e o inadequado controle de temperatura são os principais vilões. Além disso, é fundamental ter uma boa estrutura para o corpo: um colchão de qualidade, roupas de cama confortáveis, travesseiros adequados e mesmo uma vestimenta condizente com o nobre momento de dormir. Isso é um investimento direto em você. Claro que tem gente que dorme em qualquer lugar e de qualquer jeito, mas isso não significa que não dormiria melhor ainda em um ambiente cuidadosamente preparado. Durante o processo do sono, a mente fica menos reativa ao mundo externo, mas isso não significa que fica isolada dele; contextos instáveis e estimulantes dificultam o aprofundamento e facilitam despertares.

Alimentação

Substâncias mais estimulantes devem ser evitadas no período noturno, pois existe uma relação direta entre alimentação e qualidade de sono, principalmente em pessoas mais sensíveis. Dessas substâncias, a mais estudada é a cafeína, presente no café, no chá preto, no refrigerante à base de cola e em chocolates. A nicotina, presente no tabaco, também tem ação estimulante no sistema nervoso central. À noite, recomenda-se evitar alimentação pesada, de difícil digestão ou muito gordurosa, já que o processo de digestão pode atrapalhar o repouso.

E quanto ao álcool? Muitos o utilizam como indutor do sono, devido a suas ações relaxantes e na redução da tensão. Realmente, o álcool pode induzir sonolência, mas é um sono de estrutura ruim, de má qualidade, que gera um repouso parcial, desconfortável, e por vezes é seguido de ressaca e sensação de noite não reparadora. Além disso, seu uso aumenta o risco de roncos e apneia do sono, uma vez que relaxa a musculatura da garganta e do pescoço, dificultando a passagem de ar.

Alguns medicamentos também têm ação estimulante, como alguns antidepressivos, remédios para emagrecer, pré-treinos e termogênicos. Na dúvida, questione seu médico ou nutricionista acerca da melhor conduta no seu caso.

Atividade física

A atividade física é um dos hábitos mais saudáveis que alguém pode desenvolver, principalmente se for direcionada e adaptada à sua condição de saúde e necessidade pessoal. De modo geral, ajuda no sono porque traz mais desgaste na vigília e otimiza a disposição física e mental ao repouso noturno. A atividade regular ajuda a controlar o peso (o que faz bem ao sono), além de melhorar a distribuição de gordura corporal (também benéfico contra o refluxo e a apneia). A atividade pode ser aeróbica, associada ou não à musculação, como esportes, corrida, ginástica funcional, pilates e dança, entre outras de seu gosto. Um detalhe importante: para auxiliar o sono, a atividade deve ser realizada de preferência pela manhã, no máximo até o início da noite. Fazer exercícios muito tarde, terminando perto da hora de dormir, pode liberar mais adrenalina e aquecer mais o corpo, de forma a atrasar o início do sono. Aqui vale o bom senso e os ajustes pessoais, de acordo com sua tendência e disponibilidade.

Gerenciamento da luz

Faz parte do controle ambiental citado acima, mas é tão importante que resolvi destacá-lo nesta nossa lista em prol do adormecimento. O ritmo circadiano (sono-vigília) é regulado pelo hábito e pela incidência de luz. Aprendemos a adormecer quando o sol se põe e a despertar quando ele se levanta no céu. E isso não é um mero condicionamento do comportamento, mas sim um complexo sistema cerebral de indução pela escuridão e despertar na claridade, que envolve o sistema visual, o hipotálamo (importante estrutura central) e um hormônio bem famoso chamado melatonina. Não é o único sistema interno de controle do sono, mas é um dos mais importantes e estudados. Além do sistema de luz (melatonina), temos o balanço entre o sistema simpático e parassimpático (sendo esse segundo mais intenso na proximidade da noite), temos a adenosina (substância acumulada durante a vigília e que facilita o sono), temos regiões do tronco cerebral que reduzem e elevam de tempos em tempos nossa consciência em um processo conhecido como sistema ativador reticular ascendente (SARA), além de outros hormônios e substâncias do próprio hipotálamo. Sei que esse papo aqui não é nada fácil para um leigo, tampouco é fácil para nós neurologistas, mas precisamos ter noção da complexidade e da redundância do sistema que nos coloca para dormir de tempos em tempos. É redundante e parece exagerado justamente para tornar o sono um processo irresistível, do contrário alguém sempre inventará um modo de burlá-lo, julgando a vigília o maior presente da evolução. Sono e vigília são faces da mesma moeda: o sono é a ferramenta natural para bancar uma vigília competente, recorrente e sustentável.

Mas voltando ao começo deste tópico, precisamos respeitar o ciclo natural da luz. O ser humano dominou o fogo e criou seu sol particular; inventou a luz elétrica e mudou a iluminação dos ambientes com um clique de interruptor ou com sensores que detectam a sua simples presença. Somos afetados por LEDs, por luzes de *standby* de múltiplos aparelhos domésticos, pela luz de TVs cada vez maiores e mais próximas, uma vez que as telas aumentam e os apartamentos encolhem. São *notebooks*, *tablets* e celulares, todos com suas telas bem iluminadas para facilitar a visualização, mas que inibem o sistema da melatonina e tornam nosso sistema de geração de sono mais capenga e debilitado. Claro que uma hora o sono vem, mas pode ser uma missão bem difícil para pessoas tão estimuladas, iluminadas e apegadas à vigília.

A recomendação é reduzir a luz direta, evitar aparelhos luminosos pelo menos uma hora antes do horário de adormecer e evitar televisores ou luzes de *standby* no quarto se seu sono é sensível, ou seja, buscar uma caverna, daquelas antigas, onde nada brilha e nada apita.

Atividades de transição

Muita gente espera sair de um dia agitado e cair direto em um sono tranquilo, mas não funciona assim. O cérebro tem uma inércia de pensamentos e excitação. Por isso, não dá para exigir paz logo depois da guerra, em um estalar de dedos. A mente precisa desaquecer, mudar o foco, libertar-se da problemática do dia a dia, para enfim usufruir de seu repouso merecido. Por

Tempo e energia, os cobertores curtos da atualidade

isso, não basta esperar o sono bater à porta, é preciso ir em direção a ele. Ao encerrar suas demandas escolares e profissionais, recomenda-se atividades mais leves e passivas, sem tanta carga de responsabilidade e envolvimento. Ouvir músicas tranquilas, fazer leituras dissociadas do trabalho, meditar, fazer alongamento, dedicar-se a uma conversa amena, receber uma massagem, partilhar um chá com propriedades calmantes, entregar-se a um *hobby*... bom, já deu para entender o espírito da coisa. Atividades de transição reduzem o tônus simpático, iniciam o relaxamento muscular e mudam o foco, saindo do modo estresse e rendimento (típico da vigília moderna) para o modo repouso. Essa transição está cada vez mais difícil, principalmente com a informatização das notícias, as redes sociais, os jogos (incluindo os de celular), o crescimento do *streaming* e seu conteúdo sob demanda, além, claro, do grau de tensão, expectativa e hiperestímulo mental do nosso mundo atual. Precisamos de uma trégua com a noite, reforçando o desapego dos problemas que precisam ser postos de lado por um tempo, tempo esse que pode ser bem aproveitado, com processamento intuitivo e criativo, com melhora da qualidade cognitiva para o raiar do novo dia. É possível que, após uma boa noite de sono, percebamos que parte da nossa tensão estava sendo movida a amplificações mentais ou questões que desapareceram na calada da noite, caducaram ao sair do calor do momento, não merecendo nem o sacrifício das nossas ondas lentas (o nosso precioso sono profundo) nem do nosso REM (o nosso precioso despertar para dentro).

Gerenciamento do tempo

Parece que, a cada palavra escrita aqui nesta obra, nossa missão fica mais difícil: não pode ser multitarefa, precisa desacelerar, não pode ficar muito ansioso, nada de roubar do sono! Como gerenciar o tempo então, se memória exige engajamento e os problemas se empilham na mesa e na mente? Não vejo alternativa senão cortar expectativas e tarefas menos nobres. Temos que entender que não dá para fazer tudo; a vida será sempre curta, o conhecimento sempre limitado, o rendimento quase sempre será com o freio de mão puxado, e tudo bem. Quer ganhar tempo? Primeiro, controle a sua expectativa, pois essa é a vala da nossa energia e tempo de vida. A execução de tarefas deve ser cirúrgica, precisa e econômica. Precisamos valorizar a recusa, o nosso "não" revigora nosso "sim", e é a principal ferramenta de curto prazo para obtenção de recurso para novas atividades. Precisa cortar na carne, como dizem. Velhos hábitos precisam ser questionados, selecionados, lapidados ou excluídos. Por vezes estão tão arraigados no cotidiano que nem sequer os enxergamos mais. Nossa vida é cheia de atividades repetidas e inúteis, fruto de papéis que aceitamos com a visão otimista de que daríamos conta de tudo. Sofremos por erros de priorização, de incapacidade de terceirização e por acolher problemas que não nos pertencem ou que estão no rol da insolubilidade.

O gerenciamento do tempo passa por abdicar, por resistir ao padrão moderno de existência, que impõe ritmo frenético, consumo desenfreado e a impressão de que a vida precisa ser devorada hoje. No sistema moderno precisamos ser excelentes, multiúsos, exemplos de um padrão irreal e inatingível. Na escalada social e profissional, precisamos sacrificar nossa essência e vestir uma versão do que se espera de nós. Quando notamos,

Tempo e energia, os cobertores curtos da atualidade

o tempo já passou, fluiu, seguiu seu curso de ampulheta, implacável e unidirecional. A vida não comporta sacrifícios muito prolongados, pois cada fase precisa de seus ancoramentos, suas lembranças e sua vivência multissensorial e proposital. Seu tempo é só seu, talvez a única coisa verdadeiramente sua, e é sua missão empenhá-lo, distribuí-lo, de modo a dar conta dos outros e principalmente de si. Não deixe que seu cérebro e seu corpo fiquem com a sobra, com o menor e mais triste pedaço do bolo, dê um jeito de ser prioridade logo, hoje e sempre, criando seus limites, seu ritmo, dentro do possível, do aceitável, no melhor estilo "meu tempo, minhas regras".

Algumas atividades nos custam muito e precisam ser contidas, outras ficam na espera por anos e décadas, e muitas vezes nunca saem do plano das ideias. Tendemos a executar demandas urgentes, temos uma fila preferencial para elas. Gostamos de retorno rápido, da recompensa imediata. Quanto mais cansado estamos, mais optamos pelo caminho mais fácil e pelo prazer instantâneo. E lá está a modernidade nos bombardeando com emergências e nos apresentando sempre soluções fáceis – o que não significa benéficas. Com isso, sepultamos as atividades que são relevantes para *nós*, mas que demandam tempo e investimento e cujos resultados só virão no longo prazo. Vivemos apagando pequenos incêndios, em ciclos de curto prazo, aceitando o que se tem para hoje. O resultado é eterno adiamento de projetos pessoais, procrastinados e por vezes esquecidos, pois perderam sua janela de oportunidade. O curso de piano, as aulas de espanhol, aquela viagem para o Chile, a ideia de montar um negócio, aquela festa temática, o plano de encontrar os amigos com mais regularidade, os livros empoeirados na prateleira, a reforma da casa, a consulta com o dentista que adiamos há anos.

Bom, é possível que um ou outro projeto engavetado ganhe corpo, entrando na linha da execução. Mas a luta por recursos para colocá-lo em prática é dura: quando não falta tempo, falta energia; se tem energia e tempo, falta dinheiro; e se ocorre uma junção dos astros e temos tudo (dinheiro, tempo e energia), aí é tanta coisa na fila das vontades reprimidas que fica até difícil escolher. Somos movidos pelo estresse, pelo prazo, pela emergência, isso nos movimenta. Somos médicos de pronto-socorro, não deixamos o paciente morrer, mas, tão logo ele esteja fora de perigo, damos alta para que procure o resto de sua saúde em outro lugar. Temos tanta inaptidão com atividades importantes, pessoais e não urgentes que ficamos até meio sem jeito com elas, ficamos meio esquisitos no relaxamento, no silêncio e no ócio, que aliás têm em si um aspecto pejorativo e de constrangimento.

Não existe vida sem produção, sem atividade cognitiva e emocional com propósito, direcionamento e resultado. Somos influenciadores e responsáveis pelo nosso perímetro social, escolar e profissional. Um dia que não aprendemos, ensinamos e fixamos memórias resistentes é um dia jogado fora. Mas essa produtividade perene e crônica só é possível com um cérebro saudável, inteiro e capacitado. Não é missão para uma mente exaurida, estressada, daltônica para a sutileza, perdida no julgamento de relevância e alienada dos propósitos pessoais. Dessa forma, estamos a meio caminho do desarranjo, desperdiçador contumaz de vida, somos um prato cheio ao esgotamento cognitivo e afetivo que marca claramente os tempos de hoje.

Gerenciamento de energia: as fadigas modernas

Vivemos na cultura da fadiga. Se você não está cansado, não deve estar fazendo o que deveria fazer – essa é a ideia que nos vendem. A produtividade, nessa sociedade adoecida, é quantificada pelo cansaço, não pelo resultado do esforço. Com isso, para sermos reconhecidos como produtivos, precisamos entregar tudo. Nada de guardar esse fiapo de energia aí para usar depois com você mesmo, a sociedade está de olho! Vivemos em uma competição velada para ver quem está mais ferrado, mais exaurido. Boa parte das conversas é um apanhado de queixas e reclamações, destacando a nossa capacidade de sobreviver aos absurdos e dar conta do recado, como se fosse motivo de orgulho adentrar e sobreviver a uma adversidade crônica.

Existem vários tipos de fadiga e causas diversas. Apesar da crença popular de que "cansaço é falta de vitamina", na prática isso é bastante raro e improvável. O que é, sim, bastante comum e provável é que o cansaço seja causado por uma *overdose* de atividades aliada à baixa quantidade de descanso e de válvulas de escape. Sem dúvida, essa é a principal causa do sentimento de carência de energia, mas é preciso sempre ampliar o leque de possibilidades.

Algumas pessoas se queixam de cansaço físico, sentido no corpo e nos músculos, o que causa certo desconforto nas atividades. Outras se queixam de fadiga mental, uma lassidão de pensamentos, de dificuldade de processar informações e de se engajar em novas atividades. Há ainda quem se queixe de uma sensação de cansaço emocional, como se não conseguisse mais dar conta como antes do equilíbrio afetivo, notando-se mais intolerante e irritável diante de problemas habituais.

O cansaço patológico (excessivo) versa sobre a inabilidade física, cognitiva ou emocional de responder de forma satisfatória a demandas usuais, que antes eram administradas com mais eficiência. É um mecanismo de defesa do corpo, uma greve parcial indicando que algo pode estar errado. A fadiga normal ocorre de forma pontual, é provocada pelo esforço e atenuada pelo descanso. Nas formas patológicas, a sensação fica mais crônica, com limiar mais baixo de ocorrência, surgindo de forma quase espontânea e prejudicando a qualidade de vida.

Algumas condições clínicas podem dar uma franca sensação de fadiga, tais como anemia, redução no funcionamento da tireoide (hipotireoidismo), fibromialgia, doença de Parkinson, esclerose múltipla, insuficiência da glândula adrenal, doenças reumatológicas, carência de vitaminas do complexo B, distúrbios de sono, distúrbios cardíacos e respiratórios, entre muitas outras. Do ponto de vista neuropsiquiátrico, doenças como a depressão e os transtornos ansiosos também podem se apresentar com fadiga, seja pela apatia e falta de energia da primeira, seja pela tensão e dificuldade de relaxamento da segunda. Há que se considerar também a ingestão de medicamentos mais sedativos e o consumo de drogas. Como podemos ver, existe uma gama de possibilidades que a abordagem do médico deve contemplar, além do histórico de desgaste físico e emocional e da rotina pessoal do paciente.

Mesmo o sedentarismo excessivo, a solidão e a privação social podem evoluir com uma sensação de fadiga, de dificuldade em iniciar novas atividades. Ou seja, nem tanto ao céu, nem tanto à terra, pois tanto o excesso crônico de estresse como a ausência dele geram uma astenia persistente.

Precisamos do cansaço fisiológico, natural, aquele que esgota o corpo e a mente em decorrência de um feito, que vem associado a conquistas, que cede de bom grado ao descanso – esse é um presente da vida, quase um prazer, que traz a certeza subjetiva de que

Tempo e energia, os cobertores curtos da atualidade

trabalhamos no limite das possibilidades. Mas isso deve ocorrer aos saltos, de tempos em tempos, nunca de forma contínua e persistente, o que é sinal de que o sistema está todo acelerado e incongruente. Um carro pode ser capaz de correr a 200 km/h, mas não de forma ininterrupta, não sempre nesse limite, senão o motor não aguenta. Não dá para entregar tudo sempre, temos que diminuir o ritmo nas curvas e ladeiras da vida e ter em mente que a velocidade é apenas um dos parâmetros a serem considerados em uma trajetória.

Há diversas fontes de cansaço: o alto rendimento exigido no trabalho (causa de um transtorno importante chamado estresse laboral crônico, que pode levar ao burnout, tema do nosso próximo capítulo), nos estudos (dada a quantidade de informações e o nível de competição em provas e concursos), estresse familiar, entre muitas outras. Essa elevada demanda traz a necessidade de ajustes e redirecionamento de recursos. Essa compensação funciona em algum grau e em determinados momentos da vida, mas se o estresse persistir além dos mecanismos de compensação, o cérebro desaba, derruba o rendimento e faz a pessoa parar na marra. Funciona quase como um disjuntor elétrico: se a tensão é demasiada e preocupante, o sistema todo cai e bloqueia a energia como forma de se defender.

Se pensarmos bem, perceberemos que isso ocorre também em outros órgãos – um músculo, por exemplo: se solicitado de forma excessiva, começa a doer e fatigar, passa a bloquear os movimentos, deixa a pessoa de perna bamba antes de, enfim, destruir a fibra. A fadiga funciona, nesse sentido, como mecanismo de defesa e proteção, tirando seu livre-arbítrio, já que seu músculo (na verdade o seu cérebro) entende que você está exagerando.

Nosso cérebro é esgotável. Ao atingir seu limite agudo, ele se cansa e se recupera, mas se atingir seu limite crônico, aí o buraco é mais embaixo: ele se desapega, se distancia, perde o entusiasmo e a empolgação, enjoa, cria fobias, medos e se revela inábil a seguir em frente. Isso pode acontecer no trabalho, em um casamento saturado, em longas jornadas de concursos etc. A mente exaurida cronicamente evolui com sintomas depressivos, ansiosos, distúrbios do ciclo sono-vigília, perde o interesse, se desapaixona. O burnout é talvez a forma mais estudada e conhecida de reação patológica ao estresse arrastado, encerrando carreiras, trazendo sofrimento, desgaste e perdas por toda parte.

A fadiga é um alerta, precisa ser ouvida e entendida dentro de cada contexto. Na maioria das vezes, existem fatores variados no seu desencadear, compondo um quebra-cabeça que precisa ser montado na compreensão e desmontado no enfrentamento. Sua persistência pode levar ao esgotamento, que pode chegar a qualquer momento, dependendo do perfil psicológico de cada um. E, acredite, melhor que venha mais cedo, porque quando vem mais tarde quer dizer que já rifamos mais tempo em condições desgastantes, o que pode gerar um esgotamento ainda mais complicado.

A fadiga circadiana, ou decisória

Essa é uma questão muito interessante e importante na compreensão do nosso rendimento. Nosso cérebro não tem uma *performance* linear e constante, ele se comporta diferente a depender do nosso estado de cansaço, e isso é perceptível no dia a dia para todos nós.

Quando acordamos, somos de um jeito, planejamos um dia com determinadas conquistas, temos uma visão e uma disposição diferente para resistir às tentações. Eu sempre acordo *low carb*, planejando ir sem falta para a academia quando sair do

Tempo e energia, os cobertores curtos da atualidade

consultório, depois chegar em casa e ficar um tempo no tapete da sala brincando com minhas filhotas, televisão desligada. Assim é minha mente pela manhã: *fit*, otimista e solidária. Só que o dia vai passando e vou sendo esmagado por problemas, fazendo ajustes aqui e ali. No fim do dia, lá estou eu de novo assistindo à Netflix e comendo pizza com refrigerante, sem saber onde estão minhas filhas, mais um dia sem academia, e pensando "amanhã eu faço diferente". Perceba que o Leandro que acordou é bem diferente do que foi dormir, vítima do estresse e da fadiga diária. Isso acontece com todos nós: entregamos nossas melhores horas para o trabalho ou para o cuidado da família e acabamos o dia impacientes, famintos por besteira, cansados demais para puxar um bloco de ferro com roldanas. Seja por mérito (em um dia bom), seja por compensação (em um dia ruim), nos desviamos do eixo do planejamento e cedemos às escolhas mais fáceis.

A verdade é que nos cansamos sem perceber. Cada escolha, cada pensamento, cada reflexão e cada decisão consomem um pouco da nossa energia; ao longo do tempo isso leva a um estado mental e emocional um pouco desfavorável, reduzindo a qualidade das decisões. Alguns autores chamam isso de fadiga decisória (ou de decisão); seria o motivo pelo qual há doces e guloseimas perto dos caixas no supermercado. Chegamos focados e resistentes a escorregadas, mas ao final da maratona de escolhas de produtos e marcas estamos mais propensos a gastar com pequenos prazeres calóricos que, se estivessem no início da jornada, seriam evitados.

Existe outro tipo de fadiga também muito falada atualmente, que é a fadiga por compaixão. Designa eventos inicialmente vistos em atendentes, bombeiros, enfermeiras e médicos que precisam lidar com a dor alheia, com o sofrimento e as mazelas de guerras, epidemias e enfermidades. A dor do outro leva a um desgaste na capacidade de empatia e compaixão do profissional, que passa por um esgotamento emocional por força do convívio constante com pessoas em situações críticas. Seria uma espécie de estresse pós-traumático externo, por repetição de contextos negativos, com esfriamento afetivo, distanciamento e sinais de exaustão.

Esse fenômeno pode ser observado também em pessoas expostas frequentemente a notícias ruins e extremas, o que, em algum grau, é consequência de um certo tipo de jornalismo catastrofista, violento e pautado na desgraça humana. Estamos hiperexpostos a notícias ruins, a notícia boa e otimista não encontra o mesmo espaço e repercussão. O resultado é uma sociedade mais sofrida, desgastada, cansada e fria. A sensação de insegurança geral é preocupante e contagiosa, mesmo que os números da violência apresentem alguma melhora. Vivemos na cultura do medo, por isso é mais fácil vender pessimismo do que otimismo, ainda que roube um pouco da nossa energia porque deixamos de nos recarregar nas pequenas vitórias.

A fadiga cresce pelas beiradas, nem sempre o processo é evidente e dramático. Somos sobrecarregados aos poucos, todo mundo vai tirando mais um pedacinho em um jogo político-econômico-social lento o suficiente para acharmos que é tudo normal. Nossa visão de mundo vai se estreitando até que a gente realmente acredite que não há outra forma de viver, que nossas prioridades estão corretas e que vamos resistir.

O golpe de lucidez pode vir de repente, uma doença física, um quadro de depressão, uma crise de esgotamento ou mesmo uma viagem de férias. Eis que tudo fica mais claro, olhamos de fora para dentro e enxergamos o que não víamos de dentro para fora. Lembramos que existe um jeito mais suave, natural e lento de viver, com outros parâmetros de competência e entrega, com outras recompensas, enfim. Percebemos que nos ausentamos da vida real, que estamos vivendo um modo particular de existência, uma subvida que traz consigo seu ônus e seu bônus, mas ainda assim é só uma das formas possíveis de viver, não necessariamente a mais saudável, digna e sustentável. Enxergar isso é difícil; sair do ciclo do esgotamento, ainda mais.

---

10 REFLEXÕES SOBRE TEMPO E ENERGIA

1. Fadiga crônica não se combate com descanso agudo.
2. Não espere estar muito cansado para descansar um pouco. O corpo cultivado na adrenalina avisa tarde demais; faça das pausas uma rotina.
3. Evite ambientes e pessoas que te devolvem ao mundo pior do que te encontraram.
4. Conheça os seus limites e respeite-os.
5. Seu cérebro merece seu tempo, sua energia e seu empenho, não o escravize.
6. Descansar e se sentir culpado por isso não é descansar; primeiro, resolva sua culpa.
7. Sua dedicação a si é a única forma de dedicação com certeza de retorno.
8. Seu corpo e sua mente precisam durar a vida inteira.
9. Pergunte-se regularmente o que tem roubado sua energia. Aproveite e se questione se você não é agente de exaustão de alguém.
10. Ao persistirem os sintomas, um médico deverá ser consultado.

PONTOS IMPORTANTES DESTE CAPÍTULO

- Sofremos atualmente com a privação de alguns recursos cerebrais preciosos, em especial o tempo e a energia.
- A percepção da velocidade de passagem do tempo depende mais da qualidade das memórias formadas do que da quantidade de afazeres realizados.
- Roubar tempo do sono é uma solução equivocada.
- O sono possui uma estrutura característica e dezenas de missões fundamentais para nossa saúde e longevidade.
- Existem formas diversas de cansaço; algumas merecem um bom diagnóstico, tratamento e mudanças de hábitos.
- O cérebro padece com estressores crônicos, podendo evoluir com sinais francos de esgotamento.

O QUE EXISTE POR TRÁS DO TERMO BURNOUT?

"Encontre um trabalho que você ame e não terás que trabalhar nem um dia na vida." Começo nosso novo capítulo com essa interessante frase atribuída a Confúcio, filósofo chinês e rei das citações marcantes. Por longos anos acreditei nessa máxima, de que o amor realmente tivesse esse poder todo, essa capacidade de renovar nossas forças diante da adversidade. Hoje sou mais realista e peço licença para editar a colocação do filósofo: "Encontre um trabalho que você ame e que também ame você, e fique certo de que haverá momentos em que você esquecerá que está trabalhando". Gosto mais da síntese poética original, por isso ele é filósofo, e eu, neurologista.

Nessa minha caminhada clínica, vi muitas e muitas pessoas adoecerem em atividades que achavam apaixonantes, já me deparei com milhares de casos de pessoas talentosas e vocacionadas que estavam no lugar certo, na hora certa, com toda a boa intenção do mundo e que foram esmagadas pelo ofício. Testemunhei carreiras serem interrompidas e mentes prodigiosas e bem treinadas padecerem de estresse crônico por conta das suas obrigações.

Os novos desafios do cérebro

Não lhes faltava amor – em algumas até sobrava –, mas o tempo foi implacável. O aglomerado de problemas inerentes à atividade moeu a mente daquelas pessoas até que o carinho virasse raiva e frustração, até que elas virassem robôs, presas a métodos e rotinas, distanciadas emocionalmente, cansadas, infelizes, cada vez mais longe da desejada realização profissional.

O amor é um bom começo, mas precisa ser viável, renovável, dinâmico e reconstruído a cada dificuldade. Sem reforço positivo, torna-se engajamento de curto a médio prazo, morre de fome embaixo de uma pilha de burocracias, assédios, hierarquias, acúmulo de funções, entre outras fontes inesgotáveis de estresse e angústia no ambiente de trabalho. Vivemos tempos complicados nesse quesito.

É natural, em uma sociedade marcada pela produção e geração de lucro, que exista um conflito entre empregadores e funcionários, entre colegas de profissão e mesmo entre prestadores de serviços e clientes. As necessidades de cada um desses papéis não se encaixam perfeitamente, sempre existe alguma desarmonia, o que requer certo jogo de cintura, adaptações e mesmo alguma mediação externa em casos mais complicados. Mas o que se vê atualmente é bem mais profundo do que isso, o trabalho vem se tornando um gerador crônico de problemas recorrentes, cíclicos e por vezes insolúveis, cobrando em saúde seu desarranjo. Os estressores de longo prazo podem vir de relações pessoais (com o chefe ou colegas), podem estar na carga horária, na tarefa sem fim, na função mal definida, no grau de responsabilidade, na inércia da estrutura, na ausência de voz ativa, na falta de liberdade e de autonomia, entre muitas outras lacunas mal resolvidas nas relações profissionais do mundo moderno.

O trabalho é hoje uma das principais fontes de adoecimento. Participa de forma inequívoca de diversos processos patológicos da mente, podendo ser fator determinante na ocorrência de processos ansiosos, depressivos ou de esgotamento cerebral. Claro que outros fatores podem contribuir – personalidade, genética, história pregressa do indivíduo –, mas o trabalho é uma peça frequente no mosaico causal dos principais transtornos da modernidade.

Neste capítulo, focarei a discussão no processo de esgotamento cognitivo e afetivo que marca uma síndrome conhecida como burnout. O termo em inglês traz em si o conceito de "queimar-se por completo", de deixar de funcionar por exaustão ou consumo dos recursos, e é bastante sugestivo do processo que descreverei nas próximas páginas. Esse esgotamento mental é fruto direto do estresse laboral crônico e tem clara ligação de causa e efeito com as condições ambientais, demandas, cobranças internas e externas e com a estrutura organizacional do trabalho em questão, principalmente se essas condições forem aplicadas a pessoas com alguma predisposição pessoal (genética, por exemplo).

O burnout é a via final do acúmulo de estressores relacionados ao exercício do ofício, com diversos sintomas psicológicos, físicos e intelectuais de instalação crônica que levam a uma descompensação final muitas vezes aguda e incapacitante. É um problema que deve ser conhecido, discutido e prevenido em todos os contextos profissionais, uma vez que é fonte de sofrimento, afastamentos, internações, perdas financeiras, frustrações e readaptações. Com o burnout não ganha ninguém! Perde o profissional esgotado e doente, fóbico e dissociado afetivamente da sua carreira; perde a empresa, que não pode contar com o rendimento de um profissional que, antes treinado, agora está desmotivado, robotizado e limitado; e perde a sociedade, com altos custos em saúde pública e auxílios para tratar de um transtorno que, pelo menos em parte, poderia ter sido prevenido.

Meu amigo leitor, o processo do burnout não é apenas mais uma questão de saúde mental, apenas mais um código na Classificação Internacional de Doenças, apenas um novo transtorno; é muito mais. É um modelo que mostra como estressores crônicos de moderada a grave intensidade e recorrentes podem desarrumar o sistema nervoso central, levando a desarmonias vistas no corpo, nas emoções e na cognição como um todo. No caso, o trabalho é a fonte desse desgaste, o elo causal importante para o desenvolvimento de pesquisas, ajustes e mesmo para a criação e aplicação de leis que amparem o trabalhador. Mas, em tese, o processo poderia ocorrer em qualquer momento de estresse repetido, crônico e de difícil administração. Por isso alguns autores transcendem a questão do trabalho e chamam de burnout outras situações de esgotamento que podem ocorrer após o parto, durante os cuidados de um bebê recém-nascido ou de um parente doente ou idoso, até mesmo durante a preparação para um concurso público. Aqui neste livro, prefiro limitar nossa discussão ao aspecto profissional, a aplicação clássica do termo burnout.

Por que o trabalho nos esgota?

Ao trabalho, não entregamos uma parte pequena da vida, mas sim o *crème de la crème* da existência. Trabalhamos durante a nossa fase mais produtiva, justamente quando aliamos maturidade e saúde, quando estamos a plenos pulmões e com um sorriso desbravador no rosto.

Mas não acredite quando disserem que nos custa apenas um terço do dia, em média oito horas. É preciso levar em conta os deslocamentos e prolongamentos e que processamos os dilemas profissionais praticamente por toda a vigília, até mesmo sonhamos com trabalho. Se considerarmos que dormimos (ou deveríamos dormir) durante oito horas também, já é mais outro pedaço robusto do bolo da vida que tem destino certo. Sobra de quatro a oito horas para todo o restante; pode parecer suficiente, mas esses momentos não costumam ter boa qualidade. O trabalho e a rotina nos deixam cansados, famintos, exauridos, preocupados, já sugaram nosso vigor emocional e intelectual, chegamos ao fim do dia loucos por descanso e recompensas, cientes de que no dia seguinte o ciclo recomeça, na ciranda tão bem ilustrada pelo Chico Buarque na canção "Cotidiano", já em 1971. Nesse restinho de dia precisamos cuidar da família, da higiene pessoal, da manutenção da casa, da contabilidade pessoal e, é claro, fazer exercícios físicos, aproveitar o lazer, estimular a vida afetiva, nos dedicar à espiritualidade e à busca da felicidade. Matemática complicada, não? No dia seguinte, já alimentados, arrumados e descansados, voltamos ao ofício e tudo começa de novo. Claro que isso é uma generalização, temos todo tipo de escala, de regime de contratação, servidores públicos, celetistas, autônomos, bolsistas, esportistas e por aí vai, mas existem semelhanças no ritmo de vida de todo mundo.

O trabalho é um elefante espaçoso na mente, vai espremendo a vida para as beiradas até se tornar a própria vida, e o que sobra passa a ser apenas um jeito de viabilizá-lo. Tudo parece caminhar bem quando estamos fortes, motivados e sendo recompensados por isso. Mas nossa história pessoal cobra um preço caro pelas nossas concessões progressivas. Em algum momento a gente deixa de trocar nosso precioso tempo por dinheiro e começamos a trocá-lo por saúde. Se o processo fosse claro, evidente e transparente, poderíamos enxergá-lo e tentar resolver. No entanto – e aqui está a maldade dessa engrenagem –, somos envolvidos aos poucos em uma fadiga progressiva, que compromete devagarzinho nosso ritmo de sono, sabota lentamente nossas válvulas de escape, tirando um tiquinho mais aqui e ali pelo nosso dito bem maior.

Atrasamos o repouso, tomamos mais café, cochilamos um pouco no horário de almoço, respondemos um *e-mail* ou outro fora do expediente. O cerco se fecha em meio às nossas adaptações, às nossas gambiarras para dar conta do dia. Sofremos internamente, calados, logo vem um calmante ou um antiestresse para ajudar, seguimos mais alguns anos adiante. O trabalho passa a dar menos prazer e o prazer a dar mais trabalho, como dizem. Sofremos com problemas recorrentes, idênticos aos do verão passado, sonhamos com as férias, tememos o fim delas. O fim de semana chega e só o sábado é de paz, no domingo rifamos a tranquilidade com o medo do retorno, a vinheta do *Fantástico* passa a nos causar ansiedade, antecipando a volta para a engrenagem desgastante do dia útil. Aliás, quem disse que é útil? Minha definição de dia útil é um passeio no parque, em uma manhã de primavera.

No começo da nossa carreira, o ofício recebeu uma pessoa jovem motivada, saudável e vocacionada; anos depois, devolve um adulto esgotado, doente, incapaz de fazer aquilo que se doou a aprender, que escolheu como profissão, no qual investiu tempo e energia e que provavelmente amou um dia. Envelhecemos e nos encontramos com diversos professores, médicos, bombeiros, jornalistas, sacerdotes, enfermeiros, motoristas, todos reunidos na vala da desilusão ocupacional.

O burnout é coisa séria, muito mais comum do que se imagina e uma das principais causas do abandono profissional e de absenteísmo. Mas há um vilão igualmente terrível e invisível nas

O que existe por trás do termo burnout?

estatísticas: o presenteísmo. Esse termo refere-se aos profissionais que não desistem do ofício, que continuam a comparecer ao local de trabalho, mas rendem muito menos do que têm capacidade, atuam com indiferença, sem apego emocional, apresentam elevadas taxas de erros por desatenção; tornaram-se apenas um esboço do que poderiam ser em condições mais equilibradas de saúde.

O trabalho tem um impacto imenso no nosso bem-estar geral, podendo ser um agente positivo (gerador de saúde) ou negativo (consumidor de saúde). Meu pai sempre disse que trabalhar nunca matou ninguém, mas tenho que discordar. O trabalho sempre foi fator de proteção e risco durante toda a história da humanidade. Temos uma medicina inteira dedicada ao trabalho, mostrando como pode tanto dignificar uma existência como selar uma lesão ou agravo. Passamos por épocas de franca insalubridade, de exposições tóxicas, de acidentes variados, de lesões por esforço repetitivo, de perdas auditivas etc. Definimos equipamentos de proteção individual (EPIs) e restrições ambientais que pudessem proteger o trabalhador no exercício de sua profissão, criando até mesmo recompensas diferenciadas para quem trabalha diante de riscos potenciais.

Nossa era está discutindo um novo patamar de sofrimento profissional: o desgaste mental. Nossa nova lesão por esforço repetitivo (LER) é cerebral, fruto de expectativas, doação e cobranças. Hoje perdemos profissionais de elevado potencial por falhas e defeitos que ocorrem do pescoço para cima, gerando uma cadeia de incapacidade e altos custos de reposição, principalmente nos ramos que demandam mais formação educacional, além de custos para reparar os danos ao trabalhador e à imagem de uma marca que se depara com o burnout dentro de seus limites.

O tema é complexo e emergente. Importa a todos, pois somos empregados, empregadores, prestamos e consumimos serviços e temos filhos, sobrinhos, netos e amigos entrando e saindo do mercado de trabalho. Somos uma sociedade que precisa encarar os efeitos nocivos do nosso ritmo de vida, sem negligenciar seu impacto como o maior estressor crônico da modernidade. É ótimo termos reduzido a mortalidade infantil, criado vacinas para o povo, encanado o esgoto, ficamos felizes pelo advento dos antibióticos, pelos métodos de abertura de coronárias e pelas vitórias no enfrentamento do câncer. Tudo isso é saúde, claro, mas é urgente que nossa luta atual trate da qualidade mental em meio a toda essa loucura que viraram as relações de trabalho.

A história do burnout

Até a década de 1970, tínhamos apenas relatos isolados de esgotamento ocupacional, com nomes diversos e inespecíficos. Eis que o psicólogo americano Herbert J. Freudenberger cunhou o propício termo burnout para descrever a cadeia de eventos que sucederam em sua própria carreira, tornando-se um marco no estudo direcionado dessa patologia. Depois dele, diversos trabalhos e pesquisas se voltaram ao estudo desse tipo de transtorno, e a psicóloga americana Christina Maslach é uma de suas maiores pesquisadoras.

De lá para cá, diversos trabalhos epidemiológicos demonstraram que a cadeia de eventos descritas sob o termo burnout era muito mais comum do que se imaginava, acometendo uma parcela muito significativa de algumas profissões com contato humano direto, elevado grau de responsabilidade, riscos e cobranças. Nos primeiros estudos, os profissionais mais investigados foram médicos, enfermeiros, professores e profissionais de segurança, e todos apresentaram taxas alarmantes de estresse crônico e franca dificuldade de gerenciamento dessa tensão acumulada. As estatísticas dentro dessas profissões apontavam para um risco de 15% a 30% de acometimento durante a vida profissional, algo muito preocupante e pouquíssimo debatido em medicina do trabalho até então. Com o tempo, outros profissionais também passaram a mostrar uma tendência elevada ao estresse, tais como analistas de tecnologia, jornalistas, empresários e até voluntários, mostrando que a vulnerabilidade era ainda mais geral do que inicialmente percebida. Acredita-se que cerca de 5% a 10% da população mundial carregue sofrimento intenso relacionado ao burnout em algum momento de sua trajetória.

Existe muita dificuldade na determinação exata dos riscos que a doença traz para o seu portador, e isso se deve a suas características peculiares, a começar pelo diagnóstico puramente clínico (pois não há exames comprovatórios) pautado em critérios subjetivos, baseado em aplicação de escalas, com alguma variação de um estudo para o outro.

O burnout é um transtorno com características depressivas e ansiosas, profundamente relacionadas e expressas predominantemente na vida profissional. O paciente passa por uma fase arrastada de estresse, com períodos curtos de recuperação. Como o sistema apresenta alguma adaptação e resistência, o portador segue adiante até que os mecanismos de compensação percam sua eficiência.

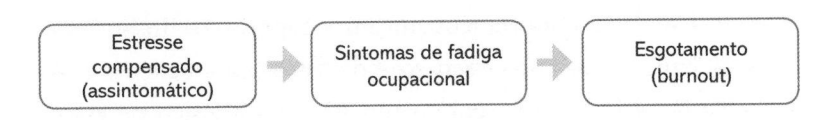

Estresse compensado (assintomático) → Sintomas de fadiga ocupacional → Esgotamento (burnout)

Na segunda fase do problema, que pode durar meses a anos, o paciente apresenta sintomas variados de fadiga, indisposição, desmotivação, associados a dores de cabeça, dificuldade de se livrar do estresse oriundo da vida profissional, alterações gástricas e intestinais, tontura, insônia, baixo rendimento sexual, oscilação de peso, irritabilidade, angústia, entre muitos outros sintomas que denotam estresse mal administrado. Muitos aqui recorrem à automedicação ou cedem a fenômenos compulsivos, passam por profissionais como clínicos gerais, gastroenterologistas, ortopedistas, em busca de alívio e investigação de algum sintoma físico expresso com maior intensidade, seguindo muitas vezes sem diagnóstico preciso.

Nessa fase, alguns apresentam sintomas de ansiedade, com sofrimento antecipatório (ao pensar que têm que ir para o trabalho), taquicardia, falta de ar, aperto no peito e outras sensações mediadas pela adrenalina e pelo cortisol. O estresse crônico excessivo leva a uma cadeia de eventos físicos que pode culminar em piora da imunidade, elevação da pressão arterial, maior acúmulo de gordura na região abdominal, distúrbios da glicemia e do colesterol (principalmente em pessoas com predisposição) e desarranjo do ciclo sono-vigília.

A falta de reconhecimento desse processo pode culminar na evolução para uma fase mais grave do transtorno, quando o paciente se sente plenamente esgotado, exaurido de força para seguir adiante, passando a apresentar desatenção, esquecimentos e por vezes brancos e lapsos grosseiros de memória. A emotividade fica abalada, com francos sintomas depressivos, insatisfação pessoal, baixa autoestima e sensação de frustação – a mente entra em colapso. Muitos apresentam um sintoma clássico de esfriamento afetivo, atuando com cinismo e ironia ou se apegando a métodos e rigidez, perdendo a flexibilidade que caracteriza o profissional humanista e empático. Essa fase mais intensa de sintomas é um franco e claro mecanismo de defesa. A mente impõe um basta, um freio para um processo descompensado e insustentável. Como um disjuntor, a pane cognitivo-emocional funciona como um duro golpe na tentativa de organizar a casa. Em meio a isso podem surgir pensamentos de morte, risco elevado de consumo de álcool, calmantes e drogas, além de descompensações clínicas.

O esgotamento entra na fase final quando a composição de afastamento afetivo (também chamado de dissociação ou despersonalização) e a insatisfação profissional se associam a francos sinais de esgotamento emocional e cognitivo. Perceba a complexidade e a intensidade de tais manifestações. Nem todo paciente apresenta todos os sintomas, existe uma grande variabilidade clínica, pois é uma doença bem heterogênea. Mas o vínculo e o nexo causal com a problemática rotineira no exercício profissional é a regra que unifica o diagnóstico. Alguns autores buscam dividir o processo em fases, passando de um estresse assintomático para uma fase de sintomas variados (fadiga ocupacional sintomática, ou pré-burnout), culminando eventualmente na fase final de esgotamento (o burnout propriamente dito). O reconhecimento da manifestação pré-esgotamento é fundamental na prevenção dos casos mais graves; já a fase sintomática intermediária costuma ser longa e marcada por manifestações clínicas que não devem ser negligenciadas.

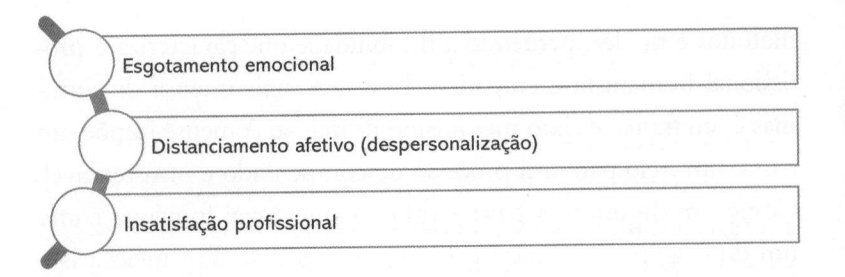

- Esgotamento emocional
- Distanciamento afetivo (despersonalização)
- Insatisfação profissional

Alguns autores enxergam claramente o burnout como uma doença específica, em razão do componente ambiental e da composição peculiar de sintomas, tendo a causalidade um impacto direto no tratamento e na responsabilidade jurídica envolvida no processo. Outros enxergam o burnout como uma variante da depressão, com sintomas ansiosos e cognitivos associados, dada a semelhança clínica, com a ressalva que aqui o fator profissional toma uma responsabilidade maior na gênese e descompensação. Não é um debate fácil de resolver. Entendo os dois pontos de vista e os respeito. Sob o olhar biológico, enxergar o burnout como uma variante da depressão é bastante lógico e aceitável; no entanto, acredito que, do ponto de vista jurídico e da implementação de medidas de saúde pública, o burnout deve ser encarado de forma isolada, como um transtorno unitário, separado.

Quais os principais determinantes do esgotamento? Para responder essa pergunta e entender a ocorrência do esgotamento profissional, é preciso avaliar as questões pessoais, do trabalho em si e as questões sociais do nosso tempo vigente.

O que existe por trás do termo burnout?

Aspectos individuais

Ninguém está imune ao esgotamento. Se você é um ser humano e trabalha, seja no que for, você está à mercê do estresse crônico. Se cruzar a fronteira da intensidade e frequência razoáveis, poderá experimentar sintomas de descompensação, cujo preço será pago em algum momento da sua trajetória.

Mas sabemos que algumas pessoas têm um risco mais alto de cair nessa espiral patológica. Pessoas com antecedente de ansiedade ou depressão apresentam uma predisposição maior, assim como pessoas com perfil mais perfeccionista, elevado grau de cobrança e muito envolvidas com a vida profissional. Não raro, o burnout surge em contexto de profissionais hiperdedicados, viciados em trabalho. Esse tipo de personalidade acaba sendo uma vulnerabilidade, na medida em que o profissional vai abdicando de sua vida pessoal para obter um rendimento cada vez maior, um prato cheio para o burnout.

Isso contraria um grande preconceito que os portadores de esgotamento profissional sofrem: o de serem pessoas mais fracas ou incapazes, que não aguentam o tranco do trabalho, algo absolutamente inverídico e desumano. Esse julgamento externo é feito muitas vezes por pessoas sem conhecimento de causa, que ignoram os percalços da atividade profissional do outro e julgam segundo suas nubladas convicções. O transtorno é muito mais fruto de excesso de doação do que fragilidade diante do estresse. Essa cultura de culpar a vítima, além de infundada, apenas reforça as práticas ocupacionais agressivas e só atrapalha a prevenção e o tratamento.

Aspectos do trabalho

Vários aspectos dentro de uma profissão podem ser geradores francos de estresse. Como existem milhares de profissões e formas de exercê-las, claro que fica inviável discutir todos os aspectos geradores do burnout dentro de um capítulo só. Mas vamos refletir sobre os mais frequentes e importantes, deixando nossa imaginação livre para ponderar sobre todas as possibilidades de insalubridade emocional que podemos passar nessa vida.

Não existe trabalho que não estresse, faz parte do conceito de "profissão" o empenho regular de procedimentos, prazos, obrigações, hierarquia e padrões de qualidade que nem sempre coincidem com nossas necessidades pessoais. Todo trabalho tem seus pontos negativos, por mais que a grama do vizinho pareça mais verde quando vista por cima do muro. Mas tudo tem um limite. Uma coisa é o estresse pontual e intrínseco ao exercício de uma atividade profissional (os chamados ossos do ofício); outra bem diferente é o acúmulo de estresse contínuo e patológico causado por demandas físicas, intelectuais e emocionais exorbitantes, que suplantam o limite ético, moral, biológico, legal e/ou do bom senso. Vamos a alguns estressores crônicos ocupacionais.

O que existe por trás do termo burnout?

> **ASPECTOS PROFISSIONAIS**
> **FATORES DE RISCO PARA BURNOUT**
>
> - Carga horária excessiva
> - Acúmulo de tarefas
> - Cargos inadequados
> - Metas faraônicas
> - Burocracia
> - Atendimento ao paciente emocionalmente instável
> - Falta de valorização
> - Falta de autonomia
> - Excesso de responsabilidade
> - Assédio moral
> - Falta de comunicação bilateral

Carga horária excessiva

Fator de risco importante para o esgotamento ocupacional. Muitos profissionais apresentam um comprometimento desumano com o trabalho, passando longos períodos envolvidos com atividades e fazendo poucas pausas. Atendo muitas pessoas que trabalham freneticamente de oito a dezesseis horas por dia, abdicando da família e dos amigos, dos cuidados com o corpo e a saúde física, se alimentando mal e apressadamente, fazendo do trabalho a sua vida, a sua existência, deixando todo o resto em um distante segundo plano. Essa conduta pode ser uma escolha pessoal, como no caso de autônomos, prestadores de serviço ou empresários que entram em uma roda de necessidade de lucro que aspira o indivíduo para dentro da engrenagem da produção desmedida, mas também pode ocorrer entre assalariados e bolsistas, envoltos pela competitividade, pela elevada demanda de trabalho em horas extras, por tempo empregado em relatórios e análises não contabilizadas, por constrangimento em deixar a empresa na hora que encerra seu horário legal etc.

A tecnologia ajuda a manter os profissionais mais presos ao trabalho fora de hora. Basta um *e-mail*, uma mensagem em um grupo ou uma ligação para que a tarefa vista a roupagem de urgência, consumindo seu tempo livre de forma recorrente e interminável. O "bom" profissional está sempre à disposição, como um soldado no quartel em um plantão infinito, sendo alvo de demandas diversas que dificultam a verdadeira libertação mental do processo de envolvimento com as obrigações. O processo contínuo do "é rapidinho", "não custa nada" resolver isso ou aquilo fora do horário de trabalho, gera um cérebro alerta e apegado, e isso tem, sim, um custo alto a longo prazo.

Acúmulo de tarefas

Muito comum nos tempos de hoje, a demanda múltipla atrelada a equipes cada vez menores (muitas vezes por simples redução de custos) leva muitos profissionais a se sentirem sobrecarregados, executando diversas tarefas ao mesmo tempo, se desdobrando em várias atividades, com franco desgaste físico e emocional. Eis aqui um grande gerador de esgotamento, uma vez que a capacidade de resolução é limitada e o gasto energético do multitarefa é muito mais alto, como já discutimos anteriormente. Ninguém sobrecarrega gente incompetente, essa é a verdade. Quanto maior o poder de execução de um funcionário, mais responsabilidades ele receberá; é uma espécie de ônus da competência, um presente de grego que geralmente vem embrulhado com ares de valorização do trabalho e promessas de ser por pouco tempo. Mas o mais comum é que o excesso de tarefas não se mostre transitório ou pontual, e sim progressivo, e que essa "valorização" não se traduza em recompensas proporcionais. Com o tempo, o bom profissional fica espremido dentro da sua demanda, tendo que dar conta do ofício primário e de tudo mais que se amontoou ao redor dele.

Cargos inadequados

Muita gente vocacionada está escalada em locais equivocados, o que pode ser fonte de desgaste e frustração. É cada vez mais comum o empenho de profissionais fora de sua área de estudo ou dedicação prévia, muitas vezes em um arranjo improvisado que acaba se tornando permanente. Isso é, em parte, fruto do descompasso entre a natureza da formação dos profissionais disponíveis e a demanda do mercado de trabalho, algo bastante debatido em fóruns empresariais. Mas também é fruto de uma nova dinâmica de emprego, menos estática, mais flexível, que exige do funcionário o desenvolvimento de habilidades mais abrangentes, o trânsito por departamentos diversos e a adaptação à necessidade do momento, se quiser continuar empregado.

Atendo muitos trabalhadores desgastados por se sentirem mal escalados, por fazerem algo que não tem nada a ver com sua formação e personalidade. A falta de identificação com o ofício é um catalisador do esfriamento afetivo, uma marca característica do burnout. Há um grande esforço das equipes de Recursos Humanos para selecionar o candidato com o melhor perfil para cada área, buscando equacionar exatamente essa questão, pois as pessoas são bastante diferentes entre si, cada qual com suas limitações e seus talentos. Mas desemprego e crises econômicas levam as pessoas a aceitarem a vaga que está disponível, mesmo que sejam excessivamente capacitadas; o que, no começo, parece uma boa escolha, com certeza mais tarde vai gerar conflitos causadores de estresse crônico. A situação ideal seria a confluência entre a necessidade do contratante e a expectativa do contratado, algo infrequente nos dias de hoje.

Quando eu tinha cerca de 9 anos, conheci um técnico de xadrez que dizia "Cavalo no canto traz desencanto". Nunca me esqueci dessa frase, mesmo tendo colocado o cavalo no canto do tabuleiro muitas vezes por necessidade. Cada peça do xadrez tem uma característica: o bispo corre pelas diagonais, as torres em linhas retas verticais ou horizontais, o peão segue para a frente passo a passo e por aí vai. Cada peça tem um valor aproximado, mas sua verdadeira importância depende da situação, do momento. O cavalo anda em L, pode saltar peças, andar para qualquer lado, inclusive para trás. No canto, nosso cavalinho tem saltos limitados, não exerce todo o seu potencial. Na vida, por vezes movemos cavalos, por vezes somos o próprio, nos sentimos subaproveitados, mal aproveitados, superaproveitados, explorados. Mas um bom jogador precisa ficar ligado, deve alocar o bispo em uma boa diagonal livre, fazer os peões encontrarem uma coluna aberta e serem promovidos na oitava casa, deixar que a dama siga livre; xadrez é estratégia, como não deixa de ser a vida. Nada como uma goiabeira que cumpre a sua vocação de dar goiabas, como diria o professor Clóvis de Barros Filho.

Metas faraônicas

Muitos profissionais são avaliados e recompensados com base em um sistema de metas, muitas vezes exageradas, inalcançáveis e renováveis a cada ciclo. Isso gera um profundo sentimento de urgência, tensão e frustração, por vezes insustentável, pois o desgaste emocional de passar o mês com a corda no pescoço não é compatível com a construção de uma carreira de longo prazo. Existe um paradoxo intrínseco dentro de metas fantasiosas, pois a obtenção do resultado prejudica o mês seguinte. Se deu para bater essa meta este mês, por que não repetir no próximo mês? Ou até aumentar a meta, certo? É uma grande falácia. Outra questão das metas impossíveis é a competitividade gerada entre os pares profissionais: como fulano consegue bater a meta e beltrano não? A corda balança de um pescoço a outro.

O ser humano é movido pelo senso de proteção, mas o medo é um combustível da pior qualidade, um aditivo que estraga o motor no longo prazo. O estresse envolvido nos serviços avaliados por produtividade faz com que o profissional se esgote com mais facilidade, em especial quando o sarrafo é alto, a competitividade é aparente e a motivação é o medo de perder o emprego. Um sistema aceitável de metas precisa ser proporcional, dinâmico e movido pela gratificação adicional. Alguns ambientes são historicamente conhecidos por metas de cobrança pessoal, como bancos, equipes de vendas, representações comerciais etc., mas muitas empresas trabalham com sistema de vigilância e de cumprimento de metas elevadas e engessadas, favorecendo o esgotamento progressivo do profissional.

Burocracia

Outro item de fundamental importância. O grau de burocracia envolvido em um procedimento está diretamente relacionado ao grau de cansaço, fadiga e desânimo durante sua execução. Muita gente é soterrada com processos burocráticos recorrentes, preenchimento de papéis, planilhas e relatórios, por vezes mais desgastantes que o próprio trabalho em si. Na área da saúde e da educação, por exemplo, a prestação de contas e os relatórios muitas vezes assumem um papel de destaque maior do que o ofício primário, ou seja, dar aulas e atender pacientes, com impacto marcante na quantificação de estresse de um profissional. Isso é visto em diversos ramos, como no funcionalismo público de modo geral, na advocacia, em grandes empresas etc. Evidente que registros e controles são necessários, ainda mais em um mundo orquestrado por dados, mas ainda existe muito preenchimento inútil e informação recorrente que geram mais gasto e desgaste do que conhecimento propriamente dito. A simplificação é bem-vinda em uma sociedade que não tem tempo a perder nem energia para desperdiçar.

O que existe por trás do termo burnout?

Atendimento ao paciente emocionalmente instável

Este é o quesito mais estudado no burnout e a carga afetiva mais pesada que pode afetar um trabalhador a longo prazo: o estado emocional de seu cliente. Em toda relação, existe uma troca, que se torna bastante complicada ao lidar com quem está em um momento de tensão, instabilidade, medo, dor, expectativa etc. Profissionais que lidam diretamente com pessoas nessas situações têm um risco bem maior de esgotamento no decorrer da profissão; devem ficar alertas e procurar um suporte diferenciado. Desde o início da descrição formal do burnout, percebe-se que médicos, enfermeiros, professores, policiais, bombeiros, entre outros profissionais ligados diretamente à assistência de pessoas, são acometidos com maior frequência. Além desses, há outros que padecem com a troca emocional desfavorável, como vendedores, jornalistas e atendentes de *telemarketing*.

O ser humano tem a capacidade de inferir o estado emocional do outro, e é profundamente impactado por ele. Como apontamos no capítulo passado, a própria compaixão e empatia acaba sendo uma fonte de fadiga e sofrimento. É importante notar que isso não ocorre de uma hora para outra, não se trata de um processo agudo e imediato; o envolvimento emocional é um estressor arrastado, que desgasta a pessoa com o tempo, com as inúmeras histórias que ele ouve, as experiências que vivencia, criando um certo calo emocional que visa proteção, mas pode culminar no esfriamento afetivo, no sofrimento antecipatório e na aversão profissional. Não se trata de falta de talento ou vocação, nem de fraqueza pessoal, é um processo clínico em que a troca energética assimétrica e o grau de cobrança e responsabilidade tornam o trabalho patológico.

Falta de valorização

A valorização pessoal é um item fundamental no empenho ocupacional e na construção da autoestima. Quando nosso esforço é recompensado e exaltado de alguma forma, isso reforça nosso compromisso e nos revitaliza. Gratidão, recompensas, elogio em alto e bom som, descanso, existem muitas formas de criar um elo de *feedback* positivo. Infelizmente, muitos profissionais entram em uma roda de obrigação, recebem pelo êxito nada além de um "não fez mais que o seu trabalho", "fez o que é pago para fazer", "ganha para isso", em um silêncio repetido de bastidores, sem luzes, aplausos e sem admiração aparente. Ter o salário como única recompensa pode funcionar por alguns meses, anos talvez, mas não para toda a vida profissional. O empenho de nossas melhores horas merece mais respeito; sem franca valorização, ficamos empanturrados de rotina, pequenos, invisíveis e frustrados. Dia após dia, nos convencemos de que fazemos figuração na vida, e isso é um prato cheio para a depressão e o esgotamento.

Falta de autonomia

Pouca gente enxerga esse aspecto como um fator de estresse ocupacional. Profissionais com pouca autonomia se robotizam com mais facilidade. Excesso de método, atividade repetitiva e estanque, tutoria em demasia sobre o ofício são claros fatores de tédio, automação da tarefa e esgotamento. Não ter margem para a criatividade, não ter poder de decisão ou independência durante o cumprimento do ofício tira aspectos de humanidade, levando a um empobrecimento afetivo. "Faça isso! Sempre isso! Desse mesmo jeito!" Repetir sem pensar, questionar ou refletir, sem pitada pessoal, sem variação, com ritmo, velocidade e perfeição – alguns profissionais viram meras ferramentas, furadeiras, calculadoras, batedores de carimbo. A sanidade mental exige autonomia, margem de escolha e decisão; ao empenhar criatividade e bom senso, alimenta-se o engajamento, lustramos o brilho da execução, todo mundo merece isso em sua maratona profissional.

Excesso de responsabilidade

Contraponto do item anterior, o excesso de responsabilidade em determinada tarefa também é um potencial estressor ocupacional. Algumas atividades e cargos demandam velocidade e frequência de tomada de decisões relevantes que podem, no longo prazo, predispor ao burnout. Isso é ainda mais dramático quando a pessoa que precisa tomar a decisão não tem a qualificação necessária, não tem recursos e informações, ou mesmo quando não existe clareza do impacto de tais medidas. Isso acontece com extrema frequência em diretorias, recursos humanos, na área da saúde, em decisões políticas, de segurança etc. Muitos profissionais se esgotam por conta do grau de responsabilidade alicerçada em sua demanda. O medo do erro, a insegurança com relação ao impacto social e legal de suas condutas, a sobrecarga de ter que decidir, não poder delegar, se esquivar ou titubear diante de um conflito qualquer, tudo isso consome recursos e injeta ansiedade crônica no processo profissional.

Assédio moral

Prática absolutamente frequente e recriminável no ambiente de trabalho (em qualquer ambiente, na verdade). Muitos relacionamentos são pautados por situações humilhantes e constrangedoras, compondo um cenário social agressivo, com comunicação violenta, antiética e covarde. Nas empresas, esse tipo de situação ocorre geralmente de cima para baixo, partindo de cargos hierárquicos superiores, mas pode vir de qualquer lugar, seja dos pares, seja de pessoas que ocupam posições subalternas. Elevação desnecessária de tom, uso de palavras ofensivas, exposição social inadequada e reprimendas degradantes são formas comuns desse tipo de assédio. Muitas vezes existe uma prática institucionalizada desse tipo de atitude, sendo os agressores as vítimas de antigamente, reforçando um ciclo habitual de cobrança e fortalecendo a hierarquia na base da força, do discurso do medo, da acidez social, colocando o outro em um papel de franca vulnerabilidade, desgaste e sofrimento. Casos de assédio moral recorrente são geradores de transtornos emocionais graves, incluindo burnout, depressão e mesmo ideação suicida. O assédio moral não distingue área de atuação, faturamento da empresa, número de funcionários; basta que existam pessoas, cargos e vistas grossas para a deslealdade.

Falta de comunicação bilateral

O ser humano prevaleceu na base da comunicação e de cooperação, mas infelizmente ainda pecamos justamente no aspecto que nos fortaleceu. Dentro de relações profissionais, é fundamental uma via de comunicação bilateral. Muitos profissionais reclamam que não têm voz ativa, que suas queixas nem sequer são registradas, que não existem canais confiáveis e seguros de comunicação interna, com a identidade necessária para uma determinada solução e o anonimato necessário para proteção pessoal. Outra queixa é com a falta de participação em mudanças, geralmente decididas e implementadas de cima para baixo sem ajustes, adaptações, discussões ou justificativas. Sem participação, o profissional se sente distante, escravo do sistema, um item periférico na engrenagem de um processo que se estabelece às custas do seu sacrifício e à revelia da sua opinião.

É uma pena que essa lista de aspectos profissionais causadores do burnout seja tão longa e que esteja ainda tão incompleta. Existe um sem-número de potenciais agressores ocupacionais crônicos que podem compor o mosaico do esgotamento: assédio sexual, insalubridade ambiental, competição, falta de recursos, obrigação de realizar atividades questionáveis do ponto de vista ético, excesso de tecnologia, desqualificação progressiva por falta de investimento em educação continuada. Como disse, a lista é longa.

Mas atenção a essa listinha. Existem alguns aspectos que são inaceitáveis, outros são questões ajustáveis e que fazem parte do trabalho de muita gente. O que precisamos sublinhar é a intensidade, frequência e intenção desses estressores. A antítese completa dessa lista seria um trabalho fantasioso, ilusório, uma completa utopia. Aqui, na vida real, precisamos de desafios pulsáteis, agudos e transponíveis, precisamos de empregos com tempero, estímulo e justa valorização. Precisamos de uma carreira e não de mera ocupação; de cargos com potencial de longo prazo, e não acordos de verão;

necessitamos mais do que dinheiro pelo nosso precioso cérebro. Para tal, queremos profissionais atentos, empenhados em lutar por condições de trabalho, queremos leis que protejam o sistema e recriminem condições nítidas de adoecimento coletivo, queremos uma sociedade mais acolhedora e humana, queremos empresas que realmente enxerguem seus funcionários como parte importante, não como algo substituível, perecível, que se possa sugar e depois descartar.

Com o burnout perdem todos, repito. Deveria ser motivo de vergonha perder qualquer profissional por conta de estresse desmedido. Isso pontua claramente contra a salubridade da empresa, impregnando sua missão, sua visão perante o mercado e sua imagem diante da sociedade. Comparo o burnout intelectual à carreira de alguns atletas, um jogador de futebol, por exemplo. A demanda elevada de jogos e treinos faz com que um jogador de alto desempenho seja levado ao limite e, se lesionado, precise se recuperar logo por meio de tratamentos agudos, infiltrações, cirurgias etc. Com isso ele joga mais, mas dura menos, joga acima da média, mas cai abaixo dela mais rápido ainda. O mesmo ocorre com a mente no burnout: exigida acima da média, de forma crônica, se exaure e põe a perder uma carreira que poderia durar muito mais. Ainda mais atualmente, com a crise previdenciária, os profissionais precisarão se manter produtivos por mais de quarenta anos para viabilizar o incremento da expectativa de vida.

Estamos falando de um problema real, mensurável, caro do ponto de vista financeiro, social e humanitário. O burnout é uma realidade difundida e capilarizada em todas as camadas da sociedade, nas velhas e novas profissões, que se alimenta do preconceito sobre si mesmo e do silêncio imposto a quem não pode deixar de trabalhar, a quem precisa seguir adiante apesar dos pesares, com ou sem condições, fazendo vítimas que muitas vezes padecem sem saber ao certo o que as atingiu ou a quem recorrer.

Caminhos para evitar o burnout

Vivemos dentro da cultura do estresse e da competição. Nosso país apresenta números alarmantes de desemprego, subemprego e informalidade. Subsistir nesse contexto não é fácil, o que leva muitos profissionais a fazerem concessões de todo tipo. Trabalha-se além do horário e além da conta. Os salários se achatam, pois sempre tem alguém disposto a fazer por menos, em uma nova luta pela sobrevivência que nos devolve à selva.

É muito difícil combater o burnout quando o desemprego bate na porta, quando percebemos que ficamos entre a cruz e a espada, quando precisamos dançar conforme a música ou não participamos da festa. Emprego e educação são a base da saúde mental. Quando temos ciência e opções, temos ferramentas de proteção. No entanto, nos curvamos ao sistema. Por exemplo, se alguém sofre assédio moral na empresa, talvez ouça que o mundo lá fora está complicado, que ter um emprego é melhor que nada, que sonhos não pagam as contas, que é preciso entender que as coisas são assim mesmo e ter paciência. Se alguém decide deixar um emprego estável mas infeliz para começar um negócio, talvez seja visto como um louco, um sonhador que se envereda por um caminho sem volta e troca um belo pássaro na mão por dois voando, como dizem.

Poderíamos preencher páginas e páginas com exemplos de como a insegurança profissional pode ter sérias implicações na vida de alguém, de como é difícil arriscar e se defender quando a sociedade jaz de guarda baixa diante da crise econômica real ou potencial. Falar de burocracia ou acúmulo de função parece um oásis ideológico em meio a filas e filas de pessoas que disputam na unha um determinado cargo, que sonham em ter justamente esse problema, em ter um emprego para chamar de seu e pelo qual se deixar consumir, que preferem queimar-se por completo a morrer de frio. Temos muito a evoluir como sociedade, mas precisamos agir nas duas frentes: condições persistentes de trabalho e um mercado ativo, dinâmico e amplo, capaz de acolher os trabalhadores. Enquanto profissionais se amontoarem diante de uma vaga, a valorização do empregado estará de certa forma em risco, uma vez que o capitalismo se deita sobre a rede da oferta e demanda.

Enquanto ainda discutimos muitos problemas do subdesenvolvimento, países de elevado Índice de Desenvolvimento Humano (IDH) estão discutindo redução de jornada, algumas já abaixo de seis horas ao dia. Ainda estamos longe de chegar a esse ponto, mas vejo avanço em alguns ramos de atuação, nos quais percebo uma atenção maior em trazer aspectos da vida para o ambiente de trabalho. São empresas que perceberam que, quando o trabalho exige condições absolutamente distintas da vida lá fora, ele fica mais difícil de suportar.

Tenho visto escritórios com ambiente mais leve e pausas programadas para descanso e interação entre os funcionários, empresas com horários flexíveis e formas variadas de *home office*, criando ambientes mais harmônicos. Vejo aqui e ali lampejos de manutenção da personalidade do profissional, que pode, eventualmente, usar uma roupa mais descontraída em certos dias, ter um vaso de plantas sobre a mesa, um mascote no jardim do escritório e até alguma diversão durante o expediente. Vejo empresas que coíbem fortemente o assédio e o preconceito, que estimulam o engajamento social e investem em atividades esportivas e lúdicas dentro do dito horário útil. Algumas criam estratégias para monitorar o cansaço e a satisfação pessoal, desenvolvem canais internos de comunicação multilateral, colocam o funcionário dentro das decisões da empresa etc. São medidas práticas, modernas, com impacto em geral positivo na sensação subjetiva de bem-estar dentro do ambiente corporativo.

Sempre haverá cobranças e divergências, mas existe um sopro de mudança e um grande interesse coletivo, principalmente de marcas com genética sustentável, em compreender e se contrapor aos processos geradores de esgotamento humano. O trabalho não pode se distanciar da dinâmica da vida, não pode ser uma ilha com regras exclusivas onde vestimos um personagem e nos distanciamos de nós mesmos. Passamos uma vida inteira trabalhando, não dá para passar a eternidade esperando o fim do expediente, não é razoável almejar somente a sexta-feira e idealizar a distante aposentadoria, que recebe o peso de nos libertar, tarde demais, do nosso sofrimento. Precisa de mais vida dentro do trabalho, precisa valer a pena como travessia, pois não há destino final: nossa força, *expertise* e juventude ficarão pelo caminho, que só valerá a pena se houver algo além de dinheiro em troca.

É fundamental compreender o processo de burnout com um adoecimento coletivo motivado por modelos preocupantes de trabalho e de sociedade que podem e precisam ser revistos. Mesmo que haja uma predisposição individual, o processo é profundamente dependente do contexto, que leva tempo para se instalar e é quase sempre multifatorial. Isso tanto é verdade que temos profissões coletivamente mais acometidas, empresas globalmente mais atingidas, mostrando que o conjunto da obra é determinante para o processo e que a maioria das pessoas expostas àquelas condições adoeceria também, com ou sem predisposição, pois seus limites seriam testados até o último grau.

O tratamento dos quadros de esgotamento precisa ser personalizado e abrangente, quase sempre multidisciplinar. A depender da intensidade de sintomas e do contexto clínico, o médico e o psicólogo optarão por medidas peculiares caso a caso, mas terapia e mudanças imediatas de hábitos são a base de todo tratamento. O uso de medicamentos pode ser necessário em alguns contextos, principalmente se houver francos sintomas depressivos ou ansiosos associados. Outro ponto de intervenção medicamentosa potencial é no sono, que pode estar muito desestruturado em alguns casos. As medidas precisam obrigatoriamente passar por uma nova relação com o trabalho, com mudança de ritmo, atividade, grau de desgaste, ou o paciente corre um sério risco de ter uma recaída em um futuro próximo.

O esgotamento profissional não é um evento ocasional, errático; é fruto de uma estrutura de estresse crônico demasiado, e tratá-lo, na concepção ampla da palavra, exige uma nova dinâmica profissional. Alguns pacientes precisarão de férias, licenças e afastamentos por tempo variável, que será fundamental para sua readequação e para a readequação do seu envolvimento profissional. Não existe nenhum caso de burnout igual ao outro, por isso a individualização da conduta será aqui a regra. Uma coisa é importante, não basta tratar o portador, é preciso tratar o sistema. Não basta tomar um ou mais medicamentos, é preciso rever prioridades, escolhas e formas de engajamento profissional.

O que existe por trás do termo burnout?

Com a disseminação do conceito de esgotamento, os pacientes têm nos procurado em uma fase anterior ao burnout, quando a fadiga profissional já é patente e já existem sintomas de falhas no processo de compensação: distúrbios de sono, dificuldade de relaxamento, dores de cabeça, sintomas gastrointestinais, tontura, entre muitos outros. Nessa fase pré-burnout, o tratamento pode ser mais simples e direcionado, por isso divulgar informações de qualidade e monitorar nosso rendimento físico e afetivo são ferramentas preciosas de intervenção precoce.

PONTOS IMPORTANTES DESTE CAPÍTULO

- O burnout é uma forma frequente de esgotamento mental relacionada ao estresse ocupacional crônico.
- O transtorno atinge uma importante parcela da população, e é mais frequente em algumas profissões com altas demandas.
- O processo é fruto de vulnerabilidade individual aliada a inúmeros estressores desmedidos da profissão.
- A fase final de esgotamento é antecedida por sintomas variados de fadiga crônica, com alterações de sono, dores, cansaço, sintomas depressivos ou ansiosos e alterações gastrointestinais.
- O esgotamento ocupacional é reconhecido clinicamente pela ocorrência da tríade de insatisfação profissional intensa, esgotamento emocional e sintomas de dissociação (esfriamento afetivo).
- A prevenção e o tratamento dependem de conhecimento, informações de qualidade e medidas individualizadas, multidisciplinares e abrangentes.

ONDE ACABA A TRISTEZA E COMEÇA A DEPRESSÃO?

Eu avisei que o mundo atual está repleto de desafios para o cérebro. Deixei a depressão para o final porque é uma vilã e tanto, repleta de armas e artimanhas. É muito difícil passar pela vida sem ter que enfrentá-la de alguma forma, seja em si, seja em um familiar querido, um amigo ou um colega de trabalho. É importante ter ideia de suas faces, de seu impacto e conhecer as formas existentes de prevenção e enfrentamento. Com respeito e informação, temos uma chance de encará-la com força, reduzindo um pouco nossa vulnerabilidade coletiva.

Atualmente cerca de 8% da população apresenta processos depressivos. No Brasil, são mais de 10 milhões de portadores, um número muito expressivo de um transtorno muitas vezes crônico e recorrente, com profundo impacto na qualidade de vida e na condição de enfrentamento, roubando dias produtivos, de estudo, trabalho e de empenho social. Estamos falando de uma doença orgânica, cerebral, expressa em todos os povos, culturas e condições socioeconômicas, embora seja mais agressiva nos mais pobres e atinja duas vezes mais mulheres do que homens, por razões genéticas, hormonais e culturais. Reconhecida hoje como a doença mais incapacitante do mundo, a depressão é uma importante causadora de sofrimento, que vai muito além do portador, gerando impactos familiares, financeiros, derrocadas profissionais e podendo levar à morte em casos mais graves. Estamos falando do principal fator de risco para o suicídio, causa da morte de quase 1 milhão de pessoas por ano no mundo, um tema ainda pouco debatido e cheio de tabus.

Bom, já deu para perceber que é um desafio de respeito, não entra no ringue para brincadeiras. A depressão é uma patologia neuropsiquiátrica real e complexa, causando uma ampla insuficiência emocional, devastadora e completamente fora do controle do portador, que precisa de ajuda rápida, abrangente e efetiva. Infelizmente, em muitos casos, o julgamento alheio é a regra: a depressão é tratada com preconceito e negligência, levando a um contexto fértil para a disseminação e progressão da doença. Não se combate um problema simplesmente negando sua existência, culpando a vítima ou apequenando sua expressão; depressão não é frescura, não é fraqueza nem falta de fé, é uma doença física, agressiva e hostil.

Tristeza *versus* depressão

Vejo muita gente confundir os dois estados, em geral por causa do uso intercambiável desses conceitos no nosso dia a dia. Se estamos tristes, dizemos "hoje acordei meio deprê". Se fui mal na prova, não entreguei um relatório no prazo ou briguei com algum familiar, "bate uma certa depressão". Do ponto de vista médico, nesses casos, o termo tristeza cairia melhor.

Onde acaba a tristeza e começa a depressão?

A tristeza é um sentimento universal, presente em todas as pessoas saudáveis emocionalmente. Ela vem e vai para criar condições de processamento da dor e da perda, é catalisadora de aprendizado, substrato de empatia, introspecção, um sentimento necessário e nobre, sem o qual não existiria a vida emocional como conhecemos. Como antítese da alegria, a tristeza estimula e viabiliza mudança de estados afetivos, contrastes que levam a movimentos, decisões e planos. Somos movidos por tristeza, e esse *feedback* negativo é uma grande mola para o amadurecimento, o autoconhecimento e as fases de transição. Se não estou feliz aqui, deixa eu ir para lá então. Transitamos em busca de satisfação, fugindo da tristeza, essa maré que sobe e baixa e motiva nossa adaptação constante.

Tristeza natural tem alvo, duração, intensidade, proporcionalidade e propósito. Por mais que o motivo não pareça tão óbvio (na maioria das vezes é), o sentimento é direcionado, dura um tempo e passa, dando espaço a outras emoções. Precisamos nos dar o direito de ficar tristes e ter respeito e paciência com a tristeza alheia, ainda que a sociedade pareça intolerante a ela. O mundo parece dizer: "Está triste? Reaja! Fique feliz, jogue uma água no rosto, coma um bombom, beba um drinque, compre alguma coisa. Se vire, sua tristeza não é vista com bons olhos". Temos certa aversão ao que é triste, fruto do bombardeio de falsa felicidade em propagandas, redes sociais e relações superficiais que não contemplam a partilha da dor. Com isso, a tristeza passa a ser processada de forma cada vez mais solitária, se torna motivo de vergonha e constrangimento. Em um mundo de conversas rasas, de motivação e sucesso, a tristeza destoa. Mas não se engane: ela ainda reina no mundo das emoções humanas; como diriam Gil e Caetano, "a tristeza é senhora, desde que o samba é samba é assim".

Mas depressão não é tristeza; pelo menos do ponto de vista médico, é diferente. Depressão é um conjunto mais amplo de sintomas, com duração arrastada (acima de catorze dias), com impacto evidente no rendimento e na qualidade de vida. Na depressão, a tristeza é patológica, atroz, profunda, espontânea (sem causa) e desproporcional ao contexto. A depressão abala a capacidade de extrair prazer, perturba o ritmo sono-vigília, impacta a motivação e a autoestima, levando o portador a ficar muito mais sensível ao que é negativo do que ao que é positivo. A depressão é um transtorno dos sensores de recompensa, bem-estar e esperança, por um desarranjo de neurotransmissores como a serotonina, a dopamina e a noradrenalina. O portador funciona abaixo da linha média no quesito motivação e engajamento, tende a ver o mundo com mais melancolia, sem brilho, sem cor, perdendo a ambição e a força emocional para seguir.

A tristeza do bem é emoção contextualizada, não deve ser vista como doença ou demérito. Depressão é doença, persiste e se aprofunda, nublando a capacidade de interpretação da mente. Como parafuso fincado na madeira, ela se aprofunda a cada volta, podendo atingir um nível grave e preocupante de desapego à vida ou às ditas coisas da vida.

Os sintomas da depressão

Depressão é doença, repito, e precisa ser prontamente reconhecida e abordada. O diagnóstico é clínico, pautado no mundo todo em uma avaliação estruturada, com a necessidade de identificação de sintomas, intensidade, contexto e repercussão. Nenhum exame físico é capaz de definir o diagnóstico, mas às vezes são solicitados para descartar patologias que possam justificar alguns dos sintomas ou se associar à depressão. É muito frequente que, no momento da consulta, o médico queira avaliar o contexto geral de saúde, saber os medicamentos e as substâncias que o paciente vem tomando, ver o perfil hormonal (principalmente da tireoide), dosagem de hemoglobina, vitaminas, e fazer outras verificações. Chamamos isso de diagnóstico diferencial, uma medida bastante importante, pois o transtorno pode ser complicado por fatores clínicos diversos, que devem ser muito bem considerados e administrados.

Os sintomas da depressão orbitam em três grandes eixos: sintomas psíquicos, físicos e cognitivos. Para o diagnóstico não é necessário que o paciente tenha todos eles; cada pessoa tem uma composição peculiar de dificuldades, cabendo ao médico e ao psicólogo avaliar se existe uma apresentação compatível com o diagnóstico de depressão. Dizemos que é uma doença heterogênea, variando bastante na expressão individual, a depender dos gatilhos, da personalidade, da genética e da predominância de um ou outro sintoma.

Sintomas psicológicos

Estes são os sintomas mais importantes, conhecidos e marcantes, a base do diagnóstico.

- **Tristeza patológica:** quadro de melancolia persistente, profunda, sem motivação ou desproporcional.

- **Anedonia:** dificuldade de sentir prazer em coisas que antes davam prazer, falta de interesse e envolvimento em atividades que outrora eram feitas com disposição e ânimo.
- **Baixa autoestima:** impressão subjetiva de fracasso pessoal, sentimento de menos valia, perda de vitalidade, jovialidade, utilidade, beleza ou potencial social.
- **Culpa:** sensação constante de ser responsável por tudo o que deu errado na vida, nas relações, no trabalho e mesmo por coisas que não passaram por seu poder de decisão; sensação angustiante que alimenta ainda mais a melancolia, que faz o portador se sentir culpado pela própria doença, em especial nos ambientes sociais menos acolhedores.
- **Pessimismo:** impressão negativa do presente, visão catastrofista do futuro, falta de esperança ("tudo vai mal e ainda pode piorar"); esse apego ao negativo e a dificuldade de variação do *mindset* (mentalidade) é bastante marcante na maioria dos pacientes.
- **Desapego a si e à vida:** nas formas mais graves, os sintomas são pensamentos recorrentes de morte e ideação suicida; em formas mais brandas, mas ainda muito preocupantes, alguns pacientes deixam de se cuidar, de tomar medicamentos, perdem a vaidade e o próprio cuidado com o corpo, demonstrando desleixo e baixo comprometimento consigo e com pessoas que o cercam. É frequente o abandono de projetos, afastamento do trabalho, falta de dedicação a compromissos, lazer e atividades físicas. Sem recompensa psíquica e envolto por uma tristeza patologicamente estanque, o paciente perde o combustível do movimento, da transição, e fica aprisionado dentro de uma zona de menor desconforto.
- **Irritabilidade e intolerância:** o humor depressivo se expressa com falta de paciência, levando a conflitos sociais e

momentos de impulsividade. A própria situação clínica de sofrimento arrastado enseja um discurso mais ácido e agressivo, o que pode afastar pessoas queridas, agravando o isolamento do paciente.

- **Ansiedade:** sintoma bastante comum no contexto depressivo, muitos pacientes referem uma tensão aumentada, angústia e medo; é uma combinação bastante preocupante, pois a ansiedade amplifica a sensação de estresse e urgência e antecipa um futuro bem catastrofista, unificando o conteúdo depressivo melancólico ao formato quente e alarmista da ansiedade e complicando a evolução clínica.

Além dos sintomas psíquicos clássicos citados acima, alguns pacientes podem apresentar, em formas mais graves, alguns delírios congruentes com o humor depressivo, como visão de vultos ou escuta de vozes com conteúdo melancólico, delírios de ciúmes ou de falência, entre outros, geralmente menos estruturados do que os vistos nos transtornos psicóticos (como a esquizofrenia) e sempre nesse tom negativo relacionado ao estado de intensa depressão.

Sintomas físicos

O cérebro humano é responsável por uma série de ciclos biológicos e pelo cuidado de diversos processos a distância. Por vezes sofremos do pescoço para cima e sentimos as repercussões do pescoço para baixo. O processo depressivo leva a uma séria de sintomas acessórios, que podem suscitar uma ampla gama de investigações quase sempre demoradas, dispendiosas e não elucidativas. Vamos discutir brevemente alguns sintomas adicionais da depressão.

- **Distúrbios de sono:** é muito frequente que a depressão altere o ciclo sono-vigília, e a insônia é um sintoma comum, seja na dificuldade em iniciar o sono e mantê-lo, seja no despertar precoce, com dificuldade para o retorno do sono e impacto na qualidade da vigília nos dias seguintes. Com esse processo alterado, o paciente se sente ainda mais cansado, desatento e irritável, entrando em um ciclo em que a depressão piora o descanso, e a falta de repouso piora o quadro depressivo. Também pode ocorrer sonolência excessiva, necessidade aumentada de sono e dificuldade para deixar a cama, por isso é fundamental atentar para as duas possibilidades.
- **Dor:** na depressão, a mente fica mais suscetível ao que é negativo, e a sensação álgica pode ser elevada e cronificada na cabeça, nas costas, nos músculos e articulações, principalmente em pacientes com antecedentes de enxaqueca, problemas de coluna e doenças como a fibromialgia ou outros problemas reumatológicos; a dor piora o rendimento afetivo, fechando outro ciclo de sofrimento no processo depressivo.
- **Fadiga e indisposição:** condição que não se repara com o descanso, é contínua e persistente; pode ser uma sensação física, como fraqueza difusa ou cansaço muscular, mas também pode ser mental, misturada com inabilidade de iniciar tarefas, baixa motivação e dificuldade de sair da inércia do repouso. Na depressão, é comum a queixa de que o corpo pede cama, que não existe energia suficiente para adentrar a vigília com qualidade, como se a bateria estivesse baixa e insuficiente. Esse tipo de queixa exige um diagnóstico diferencial

importante para descartar causas como anemia, andropausa, queda dos hormônios tireoidianos (hipotireoidismo), falta de vitaminas (como B$_{12}$) e até doenças musculares e da glândula adrenal (como a infrequente insuficiência adrenal). Geralmente, quando em contexto compatível, os sintomas vão mesmo para a conta da depressão e melhoram com o tratamento.

- **Alteração de apetite:** seja para menos (mais comum), seja para mais (menos comum), essa alteração pode ser intensa o suficiente para levar à perda de mais de 5% do peso habitual, nível considerado preocupante na ausência de dietas ou motivações óbvias de oscilação. Falta de apetite é um sinal importante a ser considerado, uma vez que comemos por cuidado pessoal, por recompensa (prazer) e para amenizar a sensação de fome; uma falha nesse processo tão instintivo pode ser um forte sinal de depressão e sua gravidade.
- **Alteração sexual:** queixa comum em portadores de depressão de ambos os sexos. Baixa iniciativa sexual, falta de ereção ou lubrificação e anorgasmia (dificuldade ou ausência de obter orgasmo) são sintomas que podem acompanhar o quadro. A atividade sexual é muito sensível ao nosso estado afetivo, e é uma das primeiras a ser afetada em boa parte dos processos depressivos. Esse sintoma precisa ser bem monitorado, pois o tratamento também pode ter impacto no rendimento sexual, em especial no começo e no uso de medicamentos específicos. O rendimento sexual alterado pode atrapalhar a relação pessoal, a autoestima e privar o paciente de mais uma possível fonte de prazer, piorando o processo depressivo.
- **Alterações gastrointestinais:** com frequência, os problemas emocionais se manifestam com alteração gástrica ou no

ritmo do intestino – já vimos isso nos processos ansiosos e aqui também acontece. Muitos pacientes referem constipação intestinal, diarreia, dores de estômago, sensação de empachamento ou mesmo queimações. Nesses casos, é necessária uma avaliação abrangente, por vezes com a ajuda de um gastroenterologista.

A lista de sintomas físicos possíveis da depressão é ainda mais extensa, podendo incluir tonturas, formigamentos, queda de cabelo, entre outros.

Sintomas cognitivos

Além da expressão psicológica e física, a depressão pode manifestar alterações cognitivas, mais ou menos marcantes a depender do paciente em questão.

- **Desatenção:** no contexto depressivo, o rendimento da atenção fica reduzido e podem surgir dificuldades de direcionamento, sustentação e maior frequência de erros por distração. O portador pode parecer mais aéreo, desconectado, e queixar-se de baixa *performance* no dia a dia.
- **Esquecimentos:** geralmente por desatenção, falta de engajamento e desorganização, o paciente pode apresentar-se mais esquecido; pode ser um sintoma marcante em alguns idosos, até mimetizando um quadro de declínio intelectual. Chamamos essa forma peculiar de depressão no idoso de quadro pseudodemencial (uma falsa demência), pois o

paciente pode se recuperar com a reversão do quadro depressivo. Mesmo os jovens com depressão podem ter um rendimento escolar e profissional aquém do esperado, com dificuldade em fixação e organização clara da informação, mostrando que a doença não é restrita à questão afetiva e emocional, mas sim um transtorno complexo do cérebro como um todo, com redução da velocidade de pensamento e empobrecimento cognitivo variável caso a caso.

- **Falta de criatividade:** a complexidade dessa função é a causa de sua vulnerabilidade nos processos de depressão. Muitos pacientes referem dificuldades de criação, orbitando por pensamentos cíclicos e limitados. Alguns artistas passam por longos períodos de bloqueio em fases mais depressivas. Curioso notar que pode existir um fenômeno inverso a depender do tipo de arte proposta: alguns autores se valem de uma depressão para criações mais introspectivas, sombrias e melancólicas, mas são um ponto fora da curva, já que a maioria dos portadores tem uma redução marcante em sua produtividade.
- **Dificuldade de tomar decisões:** a via final do pensamento humano é a tomada de decisão, que depende da avaliação de alternativas, projeções e escolhas. Com depressão, a escolha não é nada fácil, uma vez que falta a motivação que sustenta o desafio. Se a projeção do futuro é sombria e pessimista, as escolhas ficam mais amedrontadas e muito menos ousadas, tendendo à cautela e ao caminho mais fácil, nem sempre mais fértil. A depressão pode contaminar as decisões pessoais, escolares, profissionais e trazer insegurança e culpa ao portador, que titubeia diante de uma análise mais complicada e por vezes opta por caminhos inadequados.

Os tipos de depressão

A depressão tem diversas faces, e conhecê-las nos capacita a não deixar passar suas variantes, por vezes mais suaves ou mais arrastadas, mais ansiosas ou mais esquecidas. Claro que a forma tradicional – melancólica, apática, com pensamento negativo e evidente incapacidade – existe e é bastante frequente, mas tenho visto formas um pouco diferentes de depressão que passam batido ou que demandam mais tempo e sofrimento entre a expressão e o diagnóstico. Por isso vou apresentar algumas formas comuns de classificação do transtorno a fim de clarear a visão sobre todo o espectro clínico dessa patologia.

Com relação à intensidade

A depressão pode ter intensidades variadas, podendo ser mais sutil ou mais intensa. Por isso dividimos o quadro em leve, moderado ou grave. Alguns autores gostam de dividir em depressão maior (com sintomas mais exuberantes) e depressão menor (com sintomas menos exuberantes).

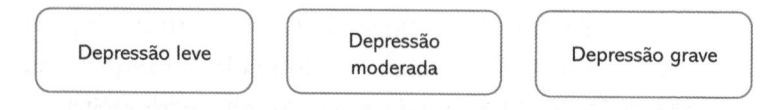

Depressão leve	Depressão moderada	Depressão grave

Saber dessas diferenças é muito importante, pois muita gente com depressão mais leve acaba seguindo seu caminho sem diagnóstico, mesmo percebendo que há alguma coisa errada consigo, mas sem nitidez sobre a natureza do processo.

Nas formas mais graves o humor é francamente deprimido e o impacto social, profissional e escolar é mais grosseiro. Não raro, o portador não quer nem sair de casa, não se anima com nenhuma atividade e tem uma visão bem melancólica da vida e dos próprios problemas. Essas formas mais intensas motivam uma avaliação mais rápida e mais direcionada, com mais fácil aceitação do tratamento psicológico e medicamentoso, tanto pelo paciente como pelos familiares.

Nas formas mais leves, o portador consegue se manter relativamente ativo, indo ao trabalho ou à escola, saindo de vez em quando, mesmo que demonstre nítida perda de prazer e apresente diversos outros sintomas depressivos já citados, em quantidade e intensidade menores do que no quadro mais exuberante.

Como podemos ver, existe um espectro depressivo; seja qual for a intensidade da doença, há um conjunto de sinais e sintomas que impactam a qualidade de vida e, embora sejam mais incapacitantes, numerosos e evidentes no polo mais grave, não duvide: é tudo depressão! As formas mais leves podem durar de meses a anos, podem levar a crises mais intensas, podem não receber o tratamento correto mesmo após o diagnóstico, e podem, inclusive, cursar com sintomas de desapego à vida e risco de suicídio.

Com relação aos sintomas mais evidentes

Cada paciente é de um jeito, a depender de sua personalidade, do contexto e histórico de vida. Existem pessoas com depressão ansiosa, tensa e preocupada, outras se mostram mais inertes, apáticas e com franca dificuldade em reagir a estímulos; alguns (principalmente idosos) se mostram mais esquecidos e desatentos, outros terão o pensamento de morte como um sintoma exuberante ou mesmo delírios compatíveis com o humor.

Uma conversa estruturada com um médico ou psicólogo com experiência em depressão vai identificar melhor o contexto e o mosaico completo dos sintomas. Geralmente a tristeza desmedida, a mudança para um prisma negativo e a dificuldade franca de sair do estado emocional constantemente abaixo do esperado estão presentes em praticamente todos os casos. Em geral, os sintomas físicos e intelectuais também são identificados em uma entrevista mais minuciosa, mostrando que o quadro compõe uma síndrome (conjunto de sinais e sintomas), ainda que por vezes um sintoma se sobressaia sobre o outro, mostrando uma ampla possibilidade de expressão clínica.

Sabe, meu amigo leitor, muita gente me procura por conta de um sintoma paralelo, mais físico, ou por causa de um medo específico; eis que por trás de tudo encontramos uma afecção depressiva. Não raro, os pacientes iniciam sua caminhada médica buscando ajuda para o sono, para a desatenção, para uma tontura persistente ou mesmo por falta subjetiva de disposição, mas um olhar treinado e comprometido com o diagnóstico de base é capaz de visualizar além da ponta do *iceberg*. Creio que muita gente não expressa seus sintomas depressivos por dificuldade de reconhecê-los, por preconceito ou mesmo por medo do julgamento alheio. A depressão passa diante de nós camuflada, de óculos escuros, peruca e chapéu, escapa nos corredores de casa e nos elevadores vida afora. Nossa sensibilidade para reconhecê-la é abalada pela superficialização da relação humana, incluindo porta adentro dos consultórios.

Onde acaba a tristeza e começa a depressão?

Com relação à evolução clínica

Na depressão, os sintomas podem se instalar no paciente de forma aguda e recorrente, mas às vezes de forma sorrateira e persistente.

> Forma aguda recorrente

> Forma insidiosa e crônica

Muitas vezes o quadro é agudo e evolui em poucas semanas, atingindo um nível elevado e bastante nítido de acometimento. Essa forma episódica pode assumir um caráter recorrente, com crises depressivas que duram alguns meses, entremeadas com fases de normalidade. Algumas pessoas podem ter apenas um episódio depressivo na vida, mas o risco de recorrência é elevado: cerca de 50% após o primeiro episódio, cerca de 70% após o segundo e praticamente de 90% após o terceiro. Isso é muito importante ressaltar, pois significa dizer que quanto mais episódios uma pessoa tiver, mais alerta devemos ficar, estimulando bons hábitos, recomendando psicoterapia preventiva e eventualmente até prescrevendo medicamentos entre as crises em casos selecionados, pois nesses indivíduos o fator biológico é mais forte, há uma vulnerabilidade evidente.

Mas existem casos em que a depressão tem um início lento e insidioso, mais sutil e menos perceptível, demorando de semanas a meses para se instalar e podendo persistir cronicamente, às vezes por muitos anos, em intensidade mais leve. Continua sendo uma versão perigosa, mas menos perceptível.

A distimia é uma dessas formas mais tênues e sorrateiras de depressão, também chamada por alguns autores de transtorno depressivo persistente. O paciente adentra no transtorno de forma progressiva, como quem vai descendo uma rampa (não de forma aguda, como quem desce um degrau). Os sintomas são menos incapacitantes e se arrastam por mais de dois anos consecutivos, às vezes muito mais que isso, fazendo o paciente ter dúvida quanto a "estar" depressivo ou "ser" depressivo, ou seja, ter a impressão de que o transtorno é uma característica de sua personalidade, e não algo que se superpôs a ela. Isso atrasa e dificulta o diagnóstico, pois a pessoa carrega um mau humor crônico, uma sensação perene de insatisfação, fica ácida, amarga e melancólica por longo tempo. Muitos seguem trabalhando, estudando e tocando a vida, pois os sintomas são menos incapacitantes, mesmo alterando significativamente a qualidade de vida do portador e das pessoas que o rodeiam.

Com relação à polarização

Este é um conceito mais complicadinho, por isso vou explicar brevemente e recomendo a quem quiser entender melhor esse quesito que se aprofunde no estudo da bipolaridade.

Existem, basicamente, três estados diferentes de humor: o mais depressivo, o normal e o tipo patológico, aquele humor exaltado, excessivamente eufórico. Os pacientes com depressão clássica, que são a grande maioria, têm episódios de humor depressivo entremeados com humor normal. Esses casos são descritos como depressão unipolar, pois existe apenas um polo patológico: ou o paciente está bem, ou está para baixo.

Já outros pacientes alternam fases de depressão com fases de normalidade e fases de humor acima do tom, marcadas por

Onde acaba a tristeza e começa a depressão?

discurso acelerado, irritabilidade, conduta irresponsável e por vezes delírios de grandeza. Essa condição peculiar define o transtorno afetivo bipolar, forma menos frequente de depressão em que o paciente oscila entre o estado mais para baixo, a normalidade e o estado mais expansivo do humor, ou seja, tem dois polos patológicos, por isso o termo "bipolar".

Depressão unipolar	Deppressão bipolar

As variações de intensidade e de expressão da doença bipolar compõem um espectro amplo e característico, passível de ser identificado por um profissional com experiência no assunto. Cerca de 10% da população adulta apresenta em algum momento da vida uma expressão de depressão clássica, unipolar, mas apenas 1% da população apresentará formas de oscilação bipolar. A expressão do estado exaltado, chamado pelos médicos e psicólogos de estado de mania (mais forte) ou hipomania (mais leve), pode ocorrer a qualquer momento da evolução do paciente, sendo por vezes provocado pelo uso de antidepressivos diante do quadro de depressão.

Como podemos perceber, a depressão tem várias formas de apresentação. As formas mais graves e tradicionais tendem a provocar mais comoção e serem diagnosticadas mais rápido, enquanto as formas mais atípicas e menos grosseiras tendem a passar batido ou receberem menos cuidado e atenção médica. Algumas formas da doença exigem mais sensibilidade e conhecimento para serem alocadas dentro do grande guarda-chuva dos processos depressivos, por isso é fundamental buscar ajuda especializada para obter um diagnóstico cauteloso e completo, com nome e sobrenome da patologia. Cada formato descrito anteriormente tem sua individualidade e seus caprichos no tratamento, no prognóstico e na evolução.

A depressão ainda é uma doença com elevada taxa de não diagnóstico, dado o fato de muitos não procurarem ajuda e, mesmo que o paciente busque atendimento, parte do sistema de saúde ainda tem uma certa miopia para enxergar os transtornos da linha depressiva. Estima-se que a taxa de subdiagnósticos em todo o mundo seja de mais de 50%, sendo ainda maior em países pobres e com baixo acesso à saúde de qualidade. São números muito preocupantes, em especial se levarmos em consideração que a taxa de melhora do quadro com o tratamento adequado é de mais de 80%. Os números mostram uma pirâmide cruel, que alarga o desnível socioeconômico: os pobres recebem menos diagnóstico e menos acesso a terapias personalizadas, enquanto os ricos têm mais acesso e melhor prognóstico geral.

Apesar de acometer um número maior da população mais pobre, a depressão é relativamente democrática, pois pode atingir homens, mulheres, crianças, jovens, idosos, brancos, pretos, qualquer um, mas o diagnóstico e o tratamento, esses conseguem alargar de forma preocupante a distância da evolução clínica entre ricos e pobres, criando um abismo prognóstico, que merece ser analisado, digerido e combatido por medidas contundentes de saúde pública.

O que leva alguém à depressão?

A depressão é um processo complexo, multifatorial e, como a Roma, muitos caminhos levam a ela. Vamos olhar para alguns fatores de risco, como a predisposição genética individual, sexo, idade, histórico de vida.

Genética

A genética é um tema importante e fundamental na compreensão do substrato biológico da doença: existem pessoas naturalmente mais vulneráveis à depressão. Estudos recorrentes mostram que o risco é maior em pessoas com histórico familiar para o transtorno, e esse risco é amplificado se forem vários casos na família e conforme a proximidade do grau de parentesco. Esse tipo de associação sugere que há um componente genético no problema, mas não afasta que o ambiente também possa ser uma influência determinante, já que familiares tendem a conviver. Mas outros estudos com desenhos ainda mais específicos para avaliar o determinismo do DNA também apontam para a direção da associação. Quando estudamos gêmeos idênticos (monozigóticos) e não idênticos (dizigóticos ou fraternos), temos um modelo em que ambos são criados no mesmo contexto, mas o par idêntico tem o mesmo código genético (clones naturais). Nesse formato de estudo percebe-se que, quando um dos gêmeos tem depressão, a chance de similaridade de diagnóstico no irmão idêntico é mais alta do que a similaridade do irmão não idêntico, mostrando que a semelhança genética é um fator de risco. Claro que são necessários vários gêmeos, até porque o estudo depende de seguimento e da ocorrência de depressão em um deles. São estudos complexos e caros, muitos deles com grandes bancos de dados.

Outro desenho interessante de pesquisa é o estudo de adoção. Será que uma criança adotada precocemente terá um risco de depressão mais parecido com o do seus pais biológicos (genético) ou do seus pais adotivos (ambiente)? Acerta quem imagina que o perfil genético tem um peso maior.

Com isso, temos um cenário de compreensão mais ampla sobre a depressão: existe uma vulnerabilidade genética clara, que não é determinismo, mas eleva a chance de ocorrência. Isso torna a doença ainda mais neuroquímica, o que deveria reduzir o preconceito leigo sobre seus determinantes.

Sexo e idade

Os transtornos depressivos são mais frequentes em mulheres e entre jovens. O predomínio no sexo feminino ocorre por diversos fatores, que incluem genética, oscilações hormonais, papéis socioculturais e maior facilidade em expor sentimentos, o que gera mais diagnósticos. Seja como for, a taxa de depressão nelas é de duas a três vezes superior às taxas encontradas entre homens na sociedade. Mesmo assim, estima-se em 100 milhões os portadores do sexo masculino no mundo, mostrando que o problema, em números absolutos, é emergente em ambos os sexos. A questão hormonal feminina aumenta o risco em algumas fases de oscilação do estrógeno, como período pré-menstrual e gravidez, mas é no pós-parto e na menopausa que precisamos ficar mais atentos, uma vez que a oscilação hormonal é marcante e associa-se a outros fatores circunstanciais muito importantes no contexto geral de vida.

A depressão pode ocorrer em qualquer idade, com manifestações um pouco diferentes, gatilhos e tratamentos peculiares a cada faixa etária. A adolescência e os primeiros anos da vida adulta – entre os 15 e 30 anos – são uma faixa de franca vulnerabilidade pela elevada demanda social, escolar e profissional aliada à consolidação da identidade, às mudanças hormonais e ao desenvolvimento da autonomia. Essa faixa preocupa bastante também pela influência das redes sociais, pelo grau de introspecção e impulsividade, que acabam por ser fatores de risco para o comportamento suicida.

Na infância, a taxa de depressão chega a 3%, nada desprezível. Os fatores de risco giram em torno de conflitos escolares (em especial o *bullying* e o isolamento) e problemas familiares, como formas extremas de criação, separação, ambiente domiciliar hostil, alcoolismo na família, assédio moral ou sexual, privação emocional etc. Na criança, a depressão muitas vezes se apresenta de forma um pouco diferente, com irritabilidade, mudanças comportamentais, baixo rendimento escolar e afetivo e distanciamento, sem tanta queixa de melancolia clássica. O fator genético deve ser considerado em todas as faixas etárias, por vezes tão forte que culmina em crises depressivas na ausência de gatilhos ou contexto precipitador evidente.

Na terceira idade, a depressão é um problema crescente e muito preocupante também. Existe ainda muito subdiagnóstico nesse estrato da população, pois os sintomas da doença (como cansaço, apatia e tristeza) se confundem com alterações de humor inerentes ao envelhecimento normal, dificultando a percepção do paciente, dos familiares e mesmo dos médicos. Atualmente temos um aumento importante na expectativa de vida, que nem sempre se associa com qualidade, no sentido amplo do termo. Muitos idosos padecem de dores crônicas, limitações físicas, restrições sociais, solidão, perdas, ócio, excesso de rotina e dificuldades financeiras, elevando o risco de adoecimento. A cultura ocidental nem sempre valoriza adequadamente os mais velhos, pecando pela idolatria do novo, rifando a experiência de vida e se privando da oportunidade de aprender com quem detém em si a história.

A depressão encontra na terceira idade uma fresta, sendo evento comum nem sempre reconhecido ou tratado. Os índices de suicídio em idosos são alarmantes e ainda subestimados, por preconceito ou falta de investigação exata de *causa mortis*. O processo depressivo pode se manifestar de forma diferente da do jovem, com sintomas de desatenção e esquecimentos, por vezes confusão mental e franca apatia, alguns podem até se assemelhar a processos demenciais, como já apontado acima. Muito comum também é a apresentação mais física que psíquica, com dores, insônia e emagrecimento. A viuvez é um fator de risco, principalmente em relacionamentos longevos com interdependência. O diagnóstico preciso e o tratamento abrangente são altamente recomendados, reforço isso pois muitos casos são negligenciados sob a desculpa de que envelhecer é assim mesmo, de que mais um remédio não vai fazer bem ou mesmo de que a terapia não funciona em idade avançada. Esses são conceitos ultrapassados e sem embasamento. Todos merecem qualidade de vida e saúde, sendo o tratamento da depressão um bom ponto de partida para a mudança desse paradigma e início de uma fase mais ativa e feliz, mesmo que com algumas limitações inerentes ao envelhecimento.

História pregressa de vida

Nossa biografia é nossa verdadeira impressão digital, é o que nos torna únicos, inéditos. Biografias mais traumáticas, com perdas e sofrimentos crônicos elevam o risco de depressão. Eis aqui um fator de risco para a expressão da tendência genética. Nem sempre o sofrimento está relacionado temporalmente com o episódio depressivo, mas ainda assim é considerado um fator de risco. Explico: uma pessoa que sofreu um processo de desgaste emocional na infância pode desenvolver um processo depressivo só na adolescência ou mesmo na idade adulta. Isso ocorre e é bem descrito em trabalhos retrospectivos, mas não é uma regra em todos os casos de depressão. Muitos são decorrentes de genética e estressores do presente, sem relação com eventos antigos. É importante frisarmos isso, pois muita gente busca no passado uma explicação para a angústia, ansiedade e depressão do presente, mas às vezes não há nada para encontrar. É preciso cautela e bom senso, a fim de julgar eventos passados dentro de um contexto, pois todos passamos por frustrações, decepções e sofrimentos, mas nem sempre a depressão terá conexão causal com eles. Eis aqui um fator de risco potencial, mas não universal.

No caso de um histórico de vida traumático, a psicoterapia pode ser uma importante ferramenta de revisita a essas memórias, com processamento da dor e redução do impacto de determinados eventos. Trata-se de um caminho complexo e nem sempre totalmente eficaz, uma vez que somos indissociáveis de nossa história, não há edição ou apagamento de memórias desfavoráveis.

Ocorrências e estilo de vida

A genética e a história pregressa de vida compõem, ao lado da idade e do sexo biológico, fatores que predispõem mais ou menos à depressão. Está implícito nesse mosaico uma vulnerabilidade individual ao problema, que fica sob controle até que um contexto ou gatilho específico desencadeie o processo depressivo.

O fator precipitador da depressão não é necessário, mas é muito frequente: a morte de um amigo ou parente, um diagnóstico clínico mais preocupante, a perda de um emprego, a descoberta de uma traição, um erro cometido, uma separação, enfim, há muitos estressores agudos que podem se associar ao início do processo. A partir daí, a doença toma vida própria, alimentando-se da própria melancolia e da incapacidade imposta, caminhando em uma espiral descendente, com mais profundidade e complexidade, valendo-se da predisposição prévia da pessoa.

Essa gota d'água nem sempre é algo reconhecível. Por vezes o fator desencadeante é um acúmulo de estressores crônicos ou um evento hormonal ou de sazonalidade ambiental, dando a impressão de que o quadro surgiu do nada – não raro recebo pacientes que se percebem depressivos sem ter passado por nenhum evento diferente de vida. Entre os estressores crônicos acumulados mais comuns, temos relacionamentos tóxicos, estresse excessivo no trabalho, influências digitais na adolescência, dificuldades sociais, aspirações e expectativas não correspondidas, problemas de aceitação pessoal, conflitos familiares, entre muitos outros.

O mundo não é nada fácil para quem tem tendência à depressão. Vivemos na era da crítica, da cobrança, da intolerância ao erro, do terrorismo social, das ideologias radicais, da solidão. Vivemos um paradoxo: nunca tivemos tanta influência externa e tanta gente cuidando da vida do outro, ao mesmo tempo nunca nos sentimos tão isolados e com tanta impressão de que realmente ninguém se importa com o sentimento alheio. É mais um dos paradoxos do conflito virtual *versus* real. Estamos distantes, sem intimidade e filtrados. Sabemos mais sobre a depressão da celebridade que seguimos no Instagram do que sobre a do nosso vizinho de porta, do nosso filho mais velho ou mesmo a nossa. Nosso perímetro real é mal explorado, as conversas superficiais dificultam a leitura de formas mais sutis de depressão. Por isso que às vezes até nos surpreendemos, como assim tal pessoa está com depressão? Como se um sorriso aqui e ali fosse incompatível com o diagnóstico, ou uma foto alegre em uma rede social fosse um retrato fidedigno do sistema límbico. Pessoas com depressão cruzam nosso caminho todos os dias, sorriem socialmente, trabalham, estudam, postam fotos, não se resumem ao estereótipo do paciente grave preso no quarto. Precisamos quebrar a barreira da comunicação, ouvir e falar, sem culpa, sem medo, sem vergonha, libertando o outro da cultura da felicidade, da necessidade de ser onipotente e indestrutível. Nossa humanidade jaz exatamente na nossa vulnerabilidade.

Não é fácil viver, nunca foi, mas agora parece ainda mais complicado. Exige-se opinião para tudo, posicionamentos complexos que são difíceis até para os humanos mais sábios, o que dizer de meros mortais como nós. O bombardeio digital desajusta o mecanismo de prazer, altera o limiar de expectativa na vida e dificulta o processamento da perda e da dor. Ficamos rodeados de felicidade, beleza e respostas rápidas, claras e aparentemente verdadeiras. Algoritmos sequestram nossa atenção e reforçam nossas opiniões, que ficam mais inflexíveis e radicais.

Vivemos tempos de competitividade, de pouca aceitação e gratidão pelo que se tem, somos consumistas e escravos da produção.

Como valorizamos o estresse, somos rapidamente dominados por ele e em geral adoecemos na primeira década de autonomia. E se digo "adoecemos", no plural, é porque a depressão, o burnout e a ansiedade não são doenças individuais. Nada que acomete quase um terço da população mundial pode ser visto como algo individual, nada que cresce progressivamente ano a ano pode ser reduzido a um problema de vulnerabilidade pessoal. Estamos adoecendo coletivamente, pois transpassamos o limite do aceitável como cultura e sociedade. O reducionismo ao indivíduo só nos dá a sensação de que o problema é do outro, uma certa forma de lavar as mãos e culpar a vítima. Somos agentes do adoecimento mental, mas também somos os potenciais agentes da saúde mental. Se não refletirmos sobre as relações pessoais, o impacto ocupacional, o ritmo de afazeres, as cobranças implantadas precocemente, a intolerância ao erro, o impacto do excesso de tecnologia, as redes sociais, seguiremos virando estatísticas. Logo, a saúde mental será exceção.

Por isso precisamos reforçar o autocuidado (de si) e o heterocuidado (do outro). O mundo não vai cuidar de nós, o "mundo" é uma entidade fantasiosa, uma abstração; são as pessoas que cuidam de si e das outras, fazendo da sociedade um lugar melhor. É parte de nossa atual responsabilidade criar nossos filtros pessoais, revisá-los, cuidar de nossas influências, revisá-las, cuidar de quem tem o poder de opinar e cuidar de nós, revisá-los, plantar a mesma tolerância que exigimos do outro, cuidar do nosso ritmo, de nossas escolhas, dos nossos hábitos, e, claro, revisando-os também. A dica aqui é não aceitar para sempre o que parece ter trazido algum bem um dia. Você muda, o contexto muda. A higiene mental é um ato de revisão recorrente e de mudanças. Se nossa vulnerabilidade nos leva à depressão, que ela seja então o nosso mecanismo de alerta, não algo que nos define, que nos apequena e nos domina. Que possamos conhecê-la, vigiá-la, cuidando de suas exacerbações e nos prevenindo nas fases entre crises.

O modelo de compreensão da depressão atualmente é um quebra-cabeça de causalidade, montado de forma muito diferente de um paciente para outro, o que torna o processo bastante individual. Temos a predisposição, os desencadeadores, os fatores de cronificação e as eventuais recaídas. O processo depende de fatores internos (biológicos) e de fatores externos (ambientais). Então, o tratamento também deve ser confluente com o processo causal, personalizado como uma alfaiataria sob medida, dinâmico e abrangente, nunca uma receita de bolo.

Tratamento e prevenção

Depressão é uma doença com potencial avassalador. O tratamento deve ser instituído o quanto antes para minimizar a intensidade dos sintomas e evitar complicações, como pensamento suicida, abuso de substâncias, impacto irremediável na profissão, entre outros possíveis desfechos da evolução sem tratamento. Quando pensamos em uma abordagem abrangente, devemos ter em mente um tripé de ações: psicoterapia, mudanças de estilo de vida e medicamentos. As ações são interligadas, e a eficiência de uma auxilia na potência da outra.

Muita gente age como se fossem terapias concorrentes – psicoterapia *versus* medicamento – mas não vejo dessa forma. Em casos de moderada a grave intensidade, o ideal é encarar o problema em várias frentes, respeitando a potência da doença e gerando um contexto favorável à saúde como um todo. Em casos leves, a depender do histórico, da idade e do contexto clínico, o uso de medicamento pode ser questionável, sendo reavaliado na evolução clínica.

A psicoterapia é indicada em todos os casos, e também é útil como prevenção ou manutenção entre as crises depressivas. Existem diversas técnicas e escolas psicoterápicas, e cada caso tem uma responsividade peculiar a cada vertente. Deve-se avaliar, com o terapeuta, qual é a mais adequada ao momento clínico em questão. Na depressão, o resultado da terapia nem sempre é rápido, é preciso ter paciência nas primeiras semanas de tratamento. O elo de confiança e empatia entre o paciente e o psicólogo é fundamental para o sucesso desse enfrentamento.

Com relação às mudanças de estilo de vida, sempre recomendamos atividade física regular, de preferência aeróbica e dentro das limitações e dos gostos pessoais do paciente. O exercício tem interessante poder antidepressivo, antiansiedade e estabilizador do humor, e é uma atividade boa para a saúde global e recuperação da autoestima. Outra questão importante é a alimentação, que deve priorizar as boas fontes de nutrientes, evitando excesso de estimulantes, compensações afetivas desmedidas e dietas radicais, muito restritivas. Na dúvida, melhor buscar auxílio direcionado e especializado de um nutricionista ou nutrólogo. Recomendo sempre a higiene do sono, aqueles ajustes sobre os quais conversamos no capítulo sobre gerenciamento do tempo. Também acho fundamental aliviar a carga de estresse agudo e crônico, criar válvulas de escape e rever seus papéis sociais e profissionais. Com relação à parte social, é um bom momento para renovar vínculos com quem te faz se sentir bem, com quem se preocupa realmente com seu estado emocional e com quem faz contigo uma troca positiva de energia vital; afaste-se de pessoas que estejam fora do seu espectro de interesse e do seu perfil ético. A vida digital também é presença marcante no dia a dia, por isso é interessante renovar esse acordo de expectativas e influências também, enxugando seu *feed*, se conectando com formas de obter e manter seu bem-estar e buscando uma relação mais saudável com a tecnologia. Cuidado com vícios, como cigarro e álcool, que podem piorar em fases mais depressivas; a depressão pode levar a novas compulsões, à mistura de substâncias e ao risco de *overdose*.

Mudanças de hábitos e comportamentos são essenciais para a saída da depressão e a fase de manutenção, mas não é fácil para o paciente mudar suas atividades. Existe uma dificuldade em se motivar e suportar atividades em um contexto de pouco *feedback* positivo e alta demanda de energia e disposição. Por isso, essa mudança depende muito de uma ruptura inicial, que pode ser auxiliada pelo medicamento e pela atividade psicoterápica. Com o tempo e a atenuação dos sintomas, o paciente poderá se reabilitar a participar mais ativamente do seu tratamento. É necessária muita paciência por parte da pessoa, mas também de amigos e familiares, que podem cobrar uma guinada rápida, julgando a inabilidade do portador como falta de força de vontade.

O processo depressivo ancora e aprisiona o paciente em uma zona nebulosa, trazê-lo ao ringue sem condições de lutar não é uma ação razoável. Não tratamos depressão com alegria, até porque ela não é falta de alegria, mas sim falta da capacidade de extração da alegria (entre outras coisas, claro). Tratamos tristeza com alegria, mas porque existe reatividade. Depressão se trata com terapia, medicamento e suporte, com ampliação para ajustes mais onerosos em energia e motivação pessoal no decorrer do tratamento.

Com relação aos medicamentos antidepressivos, não está no escopo desta obra abordar conceitos mais aprofundados, mas gostaria de fazer algumas considerações gerais:

- A ação terapêutica demora geralmente algumas semanas para ser percebida e estabilizada, por isso é fundamental paciência. Esse tempo varia caso a caso, mas geralmente fica entre quatro e oito semanas do início do tratamento.
- Os antidepressivos não são medicamentos "tarja preta", e sim "tarja vermelha" com ação no sistema nervoso central, ajustando as vias neurológicas da serotonina, eventualmente agindo também nas vias da dopamina, noradrenalina e outros neurotransmissores.
- A taxa geral de resposta e tolerância a antidepressivos é boa, diferentemente do que muita gente pensa. Os efeitos colaterais mais comuns são transitórios e geralmente suportáveis, havendo um custo-benefício aceitável na maioria dos casos.
- Casos de depressão sem complicações podem (e devem) ser tratados e medicados por qualquer médico habilitado, mesmo o generalista. Pacientes resistentes ao medicamento devem ser encaminhados ao especialista, para revisão do diagnóstico, da aderência, das doses, tentativas de associações e terapias complementares.
- O tratamento do episódio depressivo não deve ser nunca inferior a seis meses, salvo em casos muito específicos; muitos pacientes precisam de mais de um ano. O paciente precisa passar por um período de estabilidade antes que o medicamento possa ser reduzido, pois o risco de recorrência com tratamentos mais curtos é elevado; nesse caso, o medicamento pode ser mantido por muitos anos, às vezes por toda a vida.

- Todo paciente medicado deve ter acompanhamento médico regular, e toda movimentação de dose deve ser orientada pelo médico, pois há risco de recaídas e sintomas de retirada abrupta, que podem ser muito graves a depender do caso e do tipo de medicamento utilizado.

O medicamento antidepressivo não é seu inimigo, você não precisa se livrar dele se estiver fazendo bem. Ele não muda sua personalidade nem faz mal ao cérebro ou à sua saúde a longo prazo. Com acompanhamento médico regular, o tratamento da depressão se equipara a qualquer outro tratamento crônico. Nenhum remédio é isento de efeitos colaterais, mas o custo-efetividade costuma valer a pena na maioria dos pacientes responsivos e bem acompanhados.

Pense sempre que o medicamento é apenas uma parte do tratamento. É o que atua na neurobiologia do transtorno, mas precisa da psicoterapia e dos hábitos reformulados para trazer o paciente de volta à normalidade, ou o mais próximo possível dela.

Ufa! Mas um longo capítulo sobre um desafio muito atual do cérebro humano. Impossível refletir sobre equilíbrio emocional e intelectual sem abordar essa doença muito frequente e muito relevante. Não dá para compreender a sociedade de hoje ou as demandas modernas se negligenciarmos nossa intrínseca vulnerabilidade à depressão. Informação, respeito e solidariedade são os pontos de partida, mas precisaremos de muito mais se quisermos sobreviver sem sacrificar o cérebro de ninguém e ser uma sociedade geradora de saúde.

Os novos desafios do cérebro

PONTOS IMPORTANTES DESTE CAPÍTULO

- Depressão é uma doença frequente, orgânica e com franca repercussão na sociedade atual. Não é frescura, fraqueza, mimimi nem falta de fé.
- A depressão é marcada por sintomas psíquicos, físicos e intelectuais, modificando o cérebro como um todo e repercutindo no funcionamento do corpo. Os sintomas são persistentes e desproporcionais às ocorrências de vida.
- A depressão pode ocorrer em ambos os sexos e em qualquer idade, contudo é mais frequente entre as mulheres e entre os adultos jovens.
- Existem diversas formas de depressão, com variação de intensidade, evolução, sintoma predominante e tipo de polarização.
- A causa da depressão é multifatorial, envolvendo genética, história de vida, ocorrências e estilo de vida. Os gatilhos para uma crise podem ser agudos e evidentes ou crônicos e menos perceptíveis.
- O tratamento deve ser personalizado e abrangente, envolvendo psicoterapia, medicamentos (para casos moderados a graves) e mudanças de hábitos de vida.

AS HABILIDADES DO FUTURO

Daqui em diante, tudo é futuro! Apesar do título um tanto pretensioso, quero apenas colocar em pauta algumas habilidades que julgo serem relevantes nos tempos de hoje. A primeira delas já está inserida implicitamente na concepção do capítulo: a preocupação com o futuro e nosso rendimento mental. Vai se destacar aquele que tiver um cérebro dinâmico, que perceba a tempo as constantes mudanças que nossa sociedade vem sofrendo, pois essa flexibilidade é uma característica marcante dos novos tempos. Por isso, talentos estanques ou detentores de conhecimento congelado não terão lugar ao sol, pelo menos não por muito tempo.

O conhecimento exigido hoje é muito mais direcionado a habilidades do que à informação, pois o mundo dispõe de diferentes e quase inesgotáveis fontes de conteúdo, com máquinas potentes de acúmulo, organização e acesso direcionado a bancos de dados. O ser humano se destacará por sua capacidade de articular as necessidades, por arquitetar, convencer e direcionar os esforços para o caminho certo, sendo muito mais relevantes sua capacidade social, seu equilíbrio emocional, sua criatividade, sua determinação e seu bom senso na aplicação do recurso correto.

Por isso é tão importante desenvolver habilidades, senso crítico, capacidade de simplificação, tomada eficiente de decisões, organização de raciocínio e abordagens criativas. O futuro tolerará cada vez menos desperdício de tempo, dinheiro e recursos naturais. As soluções precisarão ser cirúrgicas, econômicas e sustentáveis não apenas no sentido ambiental, mas também da própria energia humana, massacrada como recurso descartável.

A dinâmica moderna faz com que pessoas habilidosas consigam se reinventar em praticamente qualquer área e se tornem geradoras de valor, diferentes daqueles profissionais com formação engessada destinados a assumir empregos que não existirão mais, fechados em nichos saturados. Entre as habilidades que quero destacar neste nosso capítulo, estão o que chamo de Quatro Poderes: o poder criativo, o poder de executar, o poder social (e da comunicação) e o poder do autocuidado.

O poder criativo e o enigma da criatividade

O poder criativo do cérebro humano é a modalidade cognitiva mais nobre de que se tem conhecimento. Trata-se do mais alto grau de refinamento intelectual, buscar e encontrar soluções diferentes, alternativas fora do lugar-comum, capazes de gerar um salto qualitativo na interpretação e na condução de determinado dilema. Ser criativo é mostrar outras formas de enxergar e de se posicionar,

As habilidades do futuro

alterar paradigmas, fazer uso novo de conhecimento antigo, reconstruindo, adaptando e transformando algo ao nosso redor.

A criatividade é uma habilidade que exige treino, persistência, arsenal intelectual, sabedoria e coragem. Criativos amedrontados rendem pouco. E essa é a primeira grande vala do pensamento criativo: o medo de errar. Não é possível criar em um ambiente mental intolerante ao erro. Criar é fazer algo que nunca existe daquela forma, é surpreender com o novo, mesmo que inicialmente incomode, gere dúvida e faça muita gente torcer o nariz. O raciocínio criativo precisa ser livre, fazer testes, surgir de uma ideia inicialmente esquisita e absurda e ser lapidado durante seu processamento. A criatividade é uma espécie de erro cognitivo que deu certo: em vez de seguir na direção do pensamento padrão, o criativo rompe esse paradigma, olhando e lidando com as situações de forma alternativa.

Infelizmente, não somos tão bem treinados para ser criativos. Na infância, a maioria das escolas adota um conteúdo pasteurizado que é seguido e cobrado na forma de certo ou errado, desenvolvendo o raciocínio dos alunos em uma espécie de linha de produção. No cérebro, porém, o caminho criativo precisa fugir e escapar do óbvio, do lugar-comum, fazer um esforço para seguir por trilhas que outros que se debruçaram sobre o problema não vislumbraram.

A criatividade é querida nesse mundo, mas o erro é recriminado. Esse é nosso paradoxo atual. Queremos respostas certas, objetivas e formais, ao mesmo tempo exigimos uma criatividade que não estimulamos e não desenvolvemos. Criar é fugir do protocolo, mas não do problema. O valor desse tipo de mente é proporcional à sua escassez, por isso vale ouro. Alguns trazem dentro de si um talento especial para a criatividade, mas todos merecem treinamento e liberdade para exercitar seu pensamento fora da caixinha. Não que seja fácil ensinar um trem a correr fora do trilho, mas já temos essa força e vontade dentro de nós. Vejo hoje a educação familiar e escolar algumas vezes na contramão desse processo, mas sempre é tempo de desenvolver o raciocínio livre e surpreendente. Não existe ofício ou ocasião que não se dobre a um comentário criativo, aquele que abre o horizonte e leva os outros a exclamarem: "Como não pensei nisso antes!" Exato, criatividade direcionada faz a pessoa mais inteligente, mais útil e ainda melhora a autoestima. Antes de duvidar do seu potencial, que tal olhar para algo que criou e materializar seu mérito?

Muita gente acha que criatividade é coisa de artista, de quem consegue exprimir emoções e impressões de forma lúdica, bela ou anedótica. Claro, isso também é criatividade, mas o conceito é bem mais amplo. Estamos falando aqui de soluções do dia a dia, de um caminho diferente para ganhar tempo, recurso ou viabilizar algo que de outra forma não seria realizado, seja o desenvolvimento de um produto, uma solução em saúde ou um caminho jurídico de argumentação, seja uma brincadeira de criança ou um poema de amor. Saindo da obviedade caímos automaticamente na dimensão criativa. Mas é preciso correr alguns riscos. O senso comum nos dá uma certa tranquilidade; uma solução recorrente e padrão traz em si uma zona de conforto, importante para modalidades que não podem se equivocar. A mente competente precisa saber em que momento a criatividade suplanta o lugar-comum, criando por vezes até um potencial novo lugar-comum. As soluções que hoje são habituais um dia foram fruto de uma mente fértil e imaginativa, que se arriscou a inovar.

No futebol, adoro meio-campistas e atacantes criativos, mas odeio zagueiros e goleiros que inventam moda. Um atacante pode perder um gol aqui e ali, mas tem a capacidade de resolver a partida e terminar o jogo como o melhor em campo. Já um zagueiro não; basta uma falha para ser o causador da derrota. Na vida também é assim: cabe ao tomador de decisão optar por caminhos de acordo com a necessidade e as soluções de que dispõe. Para o atacante e o tomador de decisão, a criatividade é valiosa, pois os faz cruzar o limite e ousar, merecendo a valorização do acerto.

Todo mundo gosta de algo criativo, uma surpresa, um jeito curioso de resolver uma dificuldade, uma forma peculiar de expressão, enfim. Mas a criatividade não é apenas um *frisson* social. Ela traz dinheiro, elimina desperdícios, economiza processos intermediários, aumenta as vendas, justificando cada centavo aplicado. O mercado é sedento por criatividade, ainda mais com o grau de competição atual.

A criatividade não está alocada em uma área específica do cérebro, nem apenas em um hemisfério, como ouço dizer. Essa habilidade do cérebro é de modalidade difusa, multicêntrica, envolve diversas áreas cognitivas, partindo da compreensão do problema à complexa rede de resolução, passando pelo resgate de memórias, ajustes emocionais, encadeamento lógico e desvios conscientes de soluções padrão.

Por ser modalidade de elevada complexidade, está à mercê de crises, ruídos e perdas no rendimento. Pessoas com sono, cansadas ou estressadas ficam menos criativas. Falta de motivação, recursos e autoconfiança também perturbam a expressão criativa. Muita gente refere fases em que não consegue criar, e se torna um pesadelo para profissionais que ganham a vida com esse tipo de expressão. Isso mostra uma certa vulnerabilidade dessa função cerebral, que se nubla diante da cobrança e que pode se saturar em certo ponto, não tendo uma expressão tão linear como outras funções mentais.

Criatividade não é magia, não é um lampejo espiritual, surge por engajamento mental e precisa ser estimulada, com tempo, método e frequência. A seguir, vamos debater algumas dicas que podem auxiliar o pensamento criativo.

Valorize a tentativa

O simples fato de iniciar uma abordagem criativa já é um exercício. Pensar fora da caixa é um processo de tentativa e erro. Você terá vários *insights* absurdos, cômicos, bizarros, com graus variáveis de possibilidade de execução. Foque no conceito geral, na quebra de um paradigma que torna a decisão diferente. A partir daí, trabalhe as adequações trazendo a solução para a realidade, mantendo o cerne inovador. De início, não pense em certo e errado, em possível ou impossível, em fantasia ou real: pense livremente e se distancie, depois volte com opções. O medo de errar é uma amarra da execução, não do pensamento inicial. O constrangimento e a autocensura são as principais sepulturas da criação. Claro que teremos pensamentos sem nexo, inúteis e inviáveis, claro que nos arriscaremos a ser julgados e criticados, mas com o tempo a lapidação da criatividade vai nos aproximar de soluções e apontamentos pertinentes. Muitos quesitos nos fazem criativos, mas a tentativa, o desejo, a repetição e a tolerância ao aparentemente estranho são passos iniciais importantes, sem os quais o processo mal se inicia.

Conheça soluções aplicadas em outros contextos

Eis aqui um conceito precioso: criar não precisa ser algo completamente novo. Podemos ser criativos ao aplicar ao nosso dilema influências, tendências, conceitos ou soluções já utilizados por aí, em outros contextos ou momentos da história. Criar é combinar informações com elegância e ineditismo. O mundo é cheio de soluções, a natureza também; temos inovações tecnológicas e conceituais por todo lado, e é responsabilidade do ser criativo acessar essas soluções e dar-lhes novos propósitos. Não precisa reinventar a roda, mas coloque-a em um lugar onde nunca esteve antes, eis uma criação. Muita gente idealizou projetos impossíveis de serem implementados por falta de recurso tecnológico na época; que tal resgatá-los e se debruçar novamente sobre eles? Que tal lançar novos olhares sobre antigos problemas, substituindo soluções caras, demoradas e desgastantes por algo mais simples, direto e barato? O mundo de hoje precisa da criatividade sustentável, que gere ondas de inovação e resolva as demandas da sociedade sem burocracia, sem produção de resíduos, sem intermediários. Muitas são as empresas focadas em algumas ferramentas de resoluções, trazendo dinamismo e criando condições modernas, criativas e eficientes para a solução de problemas.

Para isso é importante conhecer, vivenciar, estudar, passar pelo mundo com olhos atentos e alimentar seu arsenal de soluções. Essa é a única forma de não abandonar uma criação em andamento ao se deparar com a primeira adversidade, com o primeiro "não", "é impossível", "é inviável", "não funciona assim", "só dá certo desse jeito, não inventa" etc. O mundo é apegado aos hábitos consolidados, segue na inércia acomodada da aplicação de coisas que deram certo, mas precisa do empenho dos rompedores de padrão, são eles a verdadeira força da evolução. O novo incomoda e será alvo do conservadorismo; para sobreviver, precisa de defensores, precisa se justificar. Ao velho, basta existir; já o novo precisa convencer.

Mude a forma de olhar para o problema

A mente criativa só encontra soluções diferentes ao encarar desafios sob novos prismas. Por isso, um belo exercício de criatividade é observar o problema de outra forma, outro ângulo, mudando o paradigma da análise, antes de alterar o espectro da solução. Esfregue os olhos, coloque-se no papel de outros espectadores. Como isso se resolveria se eu fosse um artista? E se dinheiro não fosse um problema? Como enfrentaria essa questão se eu fosse um enviado do futuro com acesso a novas tecnologias? Como abordar esse problema se eu tivesse o poder de mudar as leis? Qual a visão de uma criança de 6 anos sobre isso? E por aí vai. Ao mantermos nossa postura, nos amarramos ao nosso ponto de vista, que até pode ser bom, mas precisamos do novo, do criativo, que pode ser ótimo. Nem sempre é fácil domar nosso senso crítico, analítico, nossas referências mais fortes, que tingem nossas atitudes com a nossa inflexibilidade. Ser criativo é ser mentalmente livre, é estar disposto ao contraditório, é ser capaz de ouvir o outro lado da nossa própria mente. Por isso é tão importante exercitar a capacidade de ver com outros olhos, questionar tudo desde a apresentação da questão, ainda antes de resolvê-la.

Não censure o raciocínio que descarrilhou

A gente aprende desde novo a voltar para o tronco inicial do pensamento, a não arborizar. Ficamos condicionados a nos manter dentro de limites aceitáveis, ensinados, orientados e padronizados. Ao nos afastarmos da regra, surge certo desconforto. É claro que manter a mente no mundo real é algo recomendável em muitas ocasiões, mas o pensamento criativo precisa alargar essa zona de abordagem. Se não conseguirmos avançar um tiquinho que seja além do que fomos orientados e ensinados, perderemos preciosas oportunidades. O ideal seria estar dentro do limite do problema, mas com acesso estendido a pensamentos fora da sua zona de conforto. Um exercício importante é permitir que pensamentos descarrilhados sigam por um tempo, apresentem outras paisagens, arriscando um novo percurso. Esse raciocínio ainda é seu, mesmo que distante e menos confiável. Reflita sobre o que vale a pena trazer consigo no caminho de volta ao centro.

Viva de forma criativa

Se não concordar com nada do que falei até aqui, lembre-se pelo menos disto: a mente humana vive como pensa, e pensa como vive. O cérebro é um grande camaleão de influências e condicionamento, e não há modo mais eficiente de se tornar criativo a não ser consumindo criatividade. Viver de olhos abertos ao diferente é um grande passo para pensar diferente. Cerque-se de referências criativas, de arte, e aprenda a captar antes de julgar. Seja abrangente, tolerante e busque um ensinamento antes de fechar as portas sociais. Não deixe que nada ou ninguém passe sem que você lhes roube algo – no bom sentido, claro. Fuja das armadilhas que apenas reforçam seu modo tradicional de pensar, de pessoas que concordam com tudo que você diz, das redes sociais programadas por algoritmos de concordância para reforçar seu ponto de vista. Criar é crescer, é aprender a se deixar convencer, por vezes por si próprio, a mudar seu ponto de vista.

Dê atenção à sua impressão intuitiva

Queria deixar uma última dica com relação à criatividade. Nem tudo na mente tem um caminho de linguagem consciente, às vezes algo que pode parecer um sexto sentido, e é isso mesmo. Na maioria das vezes, nosso cérebro descobre algo e nos explica como chegou a essa conclusão. Ordena pensamentos que, moldados na forma de linguagem, nos iluminam a mente e ficam claros como a luz, em um processo lógico e sequencial que faz sentido para a gente. Mas não é sempre assim. Muitas vezes, sentimos um desconforto e surge uma impressão mental de que o caminho é por aqui ou por ali, sem que tenhamos ideia de por que estamos pensando assim. É o tal sentir, um tipo de não pensar, pensando; em outras palavras, é a intuição. Pode estar certa ou errada, mas, assim como nosso pensamento lógico, precisa ser ouvida, pois é fruto do trabalho do nosso cérebro. Sabe quando você tem a impressão subjetiva de que alguém não é legal mesmo antes de conhecer direito? Intuição. Nosso cérebro trabalha em várias frentes, em primeiro e em segundo plano. Algumas soluções podem surgir com *insights* intuitivos, podem aparecer em sonhos, em conversas sobre outros assuntos, durante o banho ou no trânsito. Nosso cérebro pensa o tempo todo, mas não nos avisa tudo. Muitas vezes, essa intuição surge de forma tão desancorada que é até difícil de explicar, mas pode conter material criativo, diferente, aplicável no todo ou em parte em resoluções. Temos várias memórias não conscientes, aplicamos diariamente uma série de decisões automáticas e pautadas em aprendizado não declarativo (sem rastro de lembrança). Dar ouvidos a essa parcela menos verbal da mente é um passo certo na direção da criatividade.

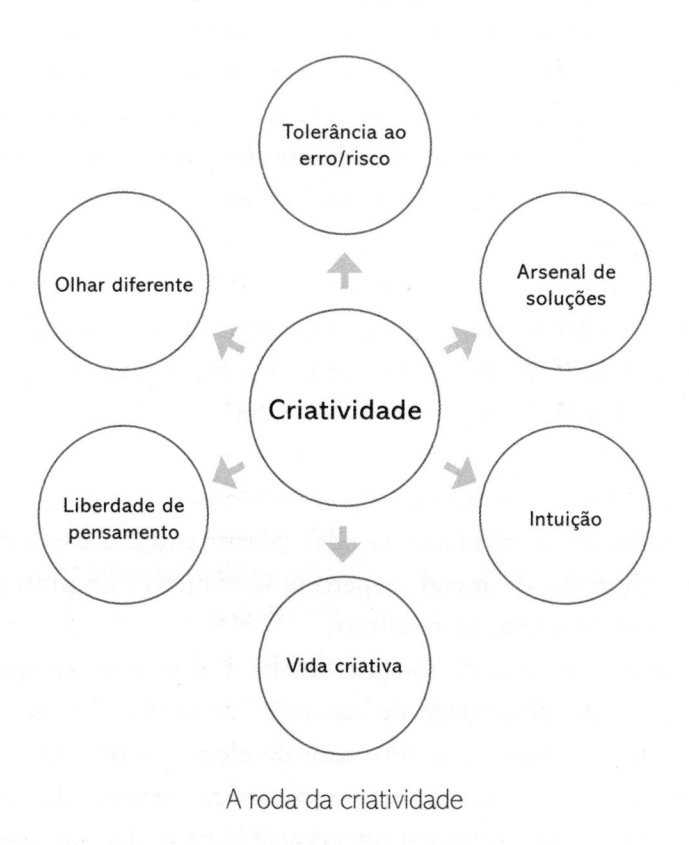

A roda da criatividade

O poder de executar e a transição do mundo das ideias

Essa habilidade mental é, na minha opinião, um grande divisor de biografias. Vejo muita gente que tem excelentes ideias, acesso à informação, faz bons planos pessoais e profissionais, mas falha justamente na transição entre o mundo do pensamento e o mundo da execução. A dificuldade em iniciar projetos que demandarão tempo, persistência e abdicações acaba por limitar muito o rendimento das pessoas. Somos alvos perfeitos para a procrastinação, uma vez que estamos envoltos por distratores e por atividades prazerosas passivas com recompensa rápida, além de sermos bombardeados por uma lista infinita de pequenas urgências, que continuamente passam na frente da execução.

Procrastinar é empurrar com a barriga, é deixar para depois o empenho em uma atividade não urgente, muitas vezes empurrada para um futuro que nunca chega, uma vez que os competidores do presente nos acompanham. A força de execução depende de várias modalidades mentais, tal como o comprometimento a médio e longo prazo, o poder de priorização, a resistência a atividades rápidas concorrentes, a capacidade de elaboração de metas, a percepção subjetiva de prazer no decorrer da tarefa, entre outras.

Atendo pessoas de todas as idades e classes sociais que se queixam de dificuldade de execução de tarefas. Pessoas que querem emagrecer, mas não saem do efeito sanfona; que querem iniciar um negócio, mas empacam na primeira dificuldade, como se encontrassem uma desculpa para adiar novamente o sonho; pessoas que almejam fazer um curso, uma atividade

As habilidades do futuro

física ou uma viagem, que segue persistentemente no grupo de planos eternos. O ramo da execução é bem diferente do planejamento. Do lado de cá, fora da cabeça, as coisas custam dinheiro, demandam tempo e constantes abdicações. Ao iniciar algo teremos uma série de problemas que não tínhamos antes, muitas vezes colhendo frutos apenas no longo prazo. Nosso cérebro se divide quando o assunto é empenho no agora com uma colheita muito lá na frente.

Na profundidade do nosso sistema límbico (emocional), a vida é mais reflexa, impulsiva, uma busca por prazer direto, rápido e eficiente. Chocolate, sexo, um sofá aconchegante, uma série viciante e por aí vai. O empenho é quase concomitante com o ganho mental em serotonina, dopamina e noradrenalina. Esse sistema é forte e nos envolve em um redemoinho que explica os vícios e as compulsões. Agora, na casquinha superficial do cérebro a banda toca de outro jeito; nossos lobos frontais têm áreas racionais e evolutivamente mais novas com uma visão diferente da vida. Aqui existe uma conexão com o futuro mais distante, com a sobrevivência de longo prazo à luz do contexto atual da sociedade. Nosso racional aponta para a necessidade de nos envolvermos com atividades que hoje não darão prazer, mas um dia, quem sabe, serão motivo de orgulho. Uma faculdade, uma carreira acadêmica, um negócio próprio, a quitação de um imóvel, algum dinheiro guardado, um corpo saudável, uma meta esportiva, um relacionamento de décadas, uma família etc. Biografias são mosaicos de execuções de médio e longo prazo, costurados com persistência, prazeres eventuais, crônicos, de menor intensidade. Claro que precisamos alimentar nossos dois "monstrinhos", buscando uma mescla entre o prazer efêmero e as nossas conquistas maiores e persistentes.

O mundo de hoje é tentador ao prazer efêmero. A tecnologia com sua rapidez e *feedback* imediato, a alimentação dominada e injetada de sabor, textura e *marketing*, as substâncias capazes de nos desconectar dos problemas ou nos conectar com uma existência transitoriamente prazerosa. Com um clique o prazer vem a galope, aproveitando-se do nosso estado emocional carente, cansado ou exaltado. Como o prazer é efêmero e pontual, precisamos de muitas doses, e lá ficamos, envoltos por atividades cíclicas que chegam com o intuito de nos roubar alguns minutinhos e tomam grande parte da nossa existência.

Nessa medida, o poder de execução está diretamente relacionado ao poder de se esquivar do impulso, em deixar de realizar tarefas mais fáceis e prazerosas e dedicar-se a atividades mais importantes e de ganho mais tênue e distante. Existe um constante braço de ferro entre nosso sistema racional e o sistema límbico. Quando estamos mais descansados, focados e distantes de distratores prazerosos, o sistema racional leva pequena vantagem, mas, se estamos fadigados, dispersos e rodeados de tentações, o sistema emocional e impulsivo coloca-se com favoritismo.

Além do controle do impulso, é fundamental desenvolver motivação e entusiasmo na execução. Quem consegue injetar vivacidade e recompensa nas tarefas de médio e longo prazo sai na frente na luta contra a procrastinação. Para isso, sugiro adotar metas de curto prazo e objetivas, no lugar das longínquas e subjetivas, e se dar uma recompensa cada vez que atingi-las. Por exemplo, para perder quinze quilos, antes é preciso perder dois. Eis uma meta parcial; ao conquistá-la, se presenteie com alguma coisa, mas neste caso cuidado para não escolher algo que faça engordar os dois quilos perdidos, hein? O mesmo vale para o estudo: metas curtas e recompensa. Com o tempo, o condicionamento cerebral vai tender à valorização do empenho, criando uma trégua entre o planejamento frontal e o sistema límbico.

A força da procrastinação se baseia na resistência inicial, esse é um conceito precioso na execução. Tudo vai cooperar para que você não comece a atividade: você terá fome, vontade de ir ao banheiro, ficará tentado a ler umas notícias e jogar uma partidinha do seu jogo preferido – a batalha inicial é complicada. Mas uma vez que você rompe a inércia e começa a resolver as coisas, existe uma tendência de alívio nessa esquiva inicial. Claro que tudo dependerá da tarefa em si, da sua capacidade em evoluir nas etapas e do grau de importância que você dá a ela. Seja como for, é interessante que você comece, de um jeito ou de outro, mesmo sem condições ideais: tire a ideia da cabeça e traga-a na marra para o mundo real. Escreva em um papel, trace um plano inicial, pesquise na *internet* e vá! Crie uma ferramenta de ancoramento fora do seu cérebro.

Outra dica importante é envolver mais pessoas no seu planejamento. Quando temos uma companhia para nos pressionar e nos estimular, ficamos mais comprometidos com a tarefa. Isso vale para academia, um projeto de negócio, estudos para um concurso, regime, esportes, música, encontros sociais recorrentes, viagens etc.

Antes de seguir, vamos recapitular alguns conceitos antiprocrastinação:

Estratégias para afastar a procrastinação

- Motivação clara
- Ruptura da dificuldade inicial
- Metas curtas progressivas
- Envolver outras pessoas
- Recompensas
- Controle de impulsos

São medidas gerais e de fácil aplicação, podem ajudar muito. Mas o engajamento dependerá diretamente de uma força pessoal intransferível, chamada ambição. O sucesso de longo prazo depende de uma imagem do Eu do futuro conquistando algo ao término de uma caminhada. É a mente de um maratonista que dará os primeiros passos sabendo que o prazer está ainda longe e que passa invariavelmente pelos primeiros metros. A ambição pessoal é a grande mola propulsora, precisa ser desenvolvida e bem trabalhada. Muita gente encara o termo ambição no sentido negativo, mas se alguém está disposto a qualquer coisa pelo seu objetivo, isso é ambição desmedida, falta de ética e moralidade. O caminho precisa ser leal, ser motivo de orgulho, respeitar regras, pessoas e princípios. A ambição precisa estar do nosso lado, parceira, e nos levar a um certo incômodo com nossa condição atual. O pior lugar é a zona de conforto, por um simples motivo: a vida é uma areia movediça. Precisamos de energia para transitar de um ponto a outro. O movimento é a estrutura de vitalidade psíquica mais importante; a falta de projetos ou a aceitação de sua ocorrência apenas na imaginação e na possibilidade é uma forma clara de estagnação que pode custar caro, uma vez que algumas janelas de oportunidade podem ir se fechando aos poucos, levando a uma biografia com lacunas, frustrações e arrependimentos. Precisamos valorizar a ambição do bem, que é o combustível do movimento, do enfrentamento do risco, da ousadia e da aplicação ponderada do tempo.

O poder social e a força da comunicação

Neste ponto, o futuro repete o passado: nunca houve força humana solitária. Somos perdedores contumazes nos esportes individuais. Vencemos por cooperação, somos gigantes na medida da comunicação e do convencimento. Isolados, somos presas indefesas, na selva ou na cidade. Por isso, o rendimento mental jaz, em grande parte, na capacidade de reconhecer demandas, estados emocionais e gerar engajamento mútuo.

Nosso cérebro possui importantes e robustas áreas para o envolvimento social. Desde muito novos já percebemos a presença do outro e buscamos interação cooperativa. Um recém-nascido fita precocemente os olhos maternos na mamada, aprende a chorar e a sorrir socialmente muito antes de caminhar ou de balbuciar as primeiras palavras. Sua sobrevivência depende da capacidade de gerar empatia, de fazer alguém se dedicar a ele, enquanto for incapaz de se manter.

Essa realidade perdura pela vida inteira. Seguimos tentando conquistar pessoas para embarcar nos nossos projetos, pois a grande maioria deles é inviável para um único indivíduo. Nosso cérebro fica diferente na presença de outro ser humano, o clima muda; se estou no elevador e entra um desconhecido, me altero imediatamente. A mente passa a funcionar em modo sociável e adota um comportamento padrão, buscando estabelecer um contato superficial amigável e ser aceita. O outro me impacta e eu impacto o outro, busco automaticamente rastrear o estado mental e o interesse alheio, para me comportar de modo apropriado. Chamamos isso de teoria da mente, uma sofisticada habilidade mental de entender o momento psíquico do outro e reagir a ele.

Nossa capacidade social é ampla e sofisticada, passa pela aptidão de se colocar no lugar do outro e partilhar um interesse em comum, e essa é a base de toda relação humana. Pessoas sociáveis são geralmente agregadoras, capazes de fazer as outras ressoarem positivamente e se sentirem mais tranquilas e felizes em sua presença. Isso é gerar empatia, uma qualidade preciosa em líderes, que conquistam certa intimidade precoce e conseguem influenciar pessoas partindo de um estado natural de conexão e confiança. Essa modalidade é um bem inestimável, tanto para coordenar equipes como para conquistar clientes e criar uma rede de fidelidade, por isso é tão valorizada no mercado de trabalho, no mundo dos esportes, nas artes, na mídia, na política e mesmo nas redes sociais. A confiança gerada pela expressão verbal e não verbal é uma poderosa ferramenta argumentativa, um vetor fantástico para informações, que transitam de uma pessoa a outra com mais facilidade e velocidade.

Muita gente tem excelente preparo técnico, mas baixo rendimento social, e sofre com franca dificuldade para demonstrar sua *expertise* e seu conteúdo. Passam a vida com o freio de mão puxado por não conseguirem se comunicar e explicitar seus interesses, sentimentos e intenções. A dificuldade de expressão acaba por criar um sistema com entradas (influências externas), mas sem saídas (sem vazão), criando um progressivo isolamento e gerando baixa autoestima e introspecção. Como as experiências negativas reforçam a tensão, a pessoa entra em uma espiral descendente: sente mais ansiedade e age com menos naturalidade. É uma situação comum na adolescência, momento em que a demanda social é alta e o padrão de julgamento eleva-se consideravelmente.

Existem várias formas de restrição social, desde a timidez (uma característica da personalidade) até a fobia social (um problema associado à ansiedade patológica em situações de interação ou exposição). Outros transtornos que apresentam disfunção social, aliada a um amplo conjunto de outros sintomas, são os distúrbios do espectro autista, que têm intensidade variável e são frequentes na população geral (acima de 1%).

Um bom diagnóstico da disfunção social depende de uma avaliação ampla e especializada, feita o mais cedo possível. Como qualquer habilidade, a *performance* social pode ser treinada e estimulada, com resultados variáveis caso a caso. O empenho precisa estar presente desde o começo, buscando a compreensão do estado emocional do outro e rastreando a empatia através de um engajamento simpático e em busca de um interesse partilhado. Pontes afetivas dependem de uma disposição bilateral, e só são possíveis quando há trocas positivas com ganho nas duas pontas (mutualismo). Até esse ponto confluente de interesse, tudo que se tem é educação social, bom senso e disposição. Aliás, esse é um excelente começo. Ao combatermos a inércia social e o preconceito e nos apresentarmos dispostos às interações, já temos meio caminho andado. O interesse comum depende do primeiro contato, da queda do primeiro muro da introspecção e da falta de interesse.

Atualmente temos uma tendência franca ao isolamento. Fechados em dispositivos pessoais, como celulares e computadores, nos sentimos ocupados, seguros e demasiadamente distantes do nosso entorno. Nossos amigos virtuais e seguidores ocupam nossa mente social e deixam pouco espaço para vínculos mais complexos, com mais compromissos, mas também com maior chance de frustração. Preferimos o envolvimento raso e tênue, filtrado e selecionado, de perfis parciais e sem as falhas humanas. Evoluímos no melhor estilo "me engana que eu gosto", temos dificuldade em gerenciar os problemas e as particularidades de um relacionamento real, orgânico e imperfeito.

Na correria moderna, entregamos pouco e recebemos pouco também. Na matemática final, ficamos no vermelho. Lentamente passamos a não tolerar as pessoas, a ter preguiça de buscar o fio que nos ligaria ao outro, temos a impressão de que tudo segue chato, enfadonho e sem graça. Nasce um comportamento antissocial adquirido, que gera ainda mais esquiva e solidão, principalmente quando o mundo virtual não dá conta da nossa angústia e do sofrimento humano. E lá estão a depressão e a ansiedade à espreita, esperando apenas uma fresta para deixar a existência ainda mais vazia.

Mas é claro que não é tudo culpa da tecnologia, é o nosso comportamento social que precisa ser mais bem trabalhado. A

As habilidades do futuro

quantidade de expectativas e críticas dentro da nossa sociedade está insustentável. Muitos se tornaram juízes impacientes, julgando o outro com base em pedaços e versões da história. Existe um certo temor social no ar, qualquer frase mal colocada, qualquer expressão mal encaixada ou qualquer posicionamento mal interpretado gera uma cascata de pareceres e convicções contrárias que inibem o posicionamento. A cobrança pela perfeição se volta contra a própria sociedade, cada vez mais pasteurizada, impessoal e distanciada afetivamente. O "padrão de qualidade" da expectativa é o freio da autonomia, uma censura velada que ratifica o isolamento, fazendo de celulares e computadores uma camada de proteção, da ansiedade social um problema que acomete uma a cada dez pessoas, dos relacionamentos um poço de decepções e de uma família unida um projeto excepcional, raro. A revisão passa por cada um de nós, que ora nos sentamos no júri, ora no banco dos réus.

Sociedade é confluência de forças, tolerância, aceitação e história. Em um mundo mais nivelado tecnicamente e mais competitivo, a capacidade social vira um precioso critério de desempate. Como é bom estar ao redor de gente carismática e comunicativa, a energia social flui e torna o convívio mais convidativo. Nosso cérebro aprende com repetição e teste, e com a habilidade de comunicação não é diferente: se quiser melhorar sua capacidade de influenciar, exerça, observe e conviva com pessoas dinâmicas e interessadas no outro.

No quesito social, a ponte começa no interesse alheio e evolui até chegar ao nosso próprio interesse. Pessoas focadas apenas em si mesmas, em sua problemática, somente em seu estado emocional, geram menos empatia. Interações são desafios de flexibilidade, de adequação de linguagem e de um certo jogo de cintura para quebrar gelos, personagens e padrões clássicos de comportamento. Não existe verdadeira empatia sem algum altruísmo.

O poder social gera um tipo específico de liderança, não necessariamente técnico. Em um time de futebol, por exemplo, nem sempre o maior artilheiro é o líder do time. O critério técnico é apenas um entre os muitos critérios da liderança. A capacidade de transitar entre diversos grupos, gerenciar crises, comunicar-se com desenvoltura e clareza, ser um espelho ético e de comprometimento, gerar engajamento coletivo em torno de um propósito, tudo isso são aspectos de comportamento e talento social típicos de um líder.

Vejo aqui dois grupos distintos e preocupantes:

PESSOAS QUE QUEREM TER MAIS ENVOLVIMENTO SOCIAL, MAS TÊM DIFICULDADES

Esse grupo de pessoas compreende claramente a necessidade social, mas enfrenta dificuldades, seja por ansiedade ou autojulgamento, seja pelo tipo de personalidade. No entanto, busca informações e métodos para evoluir nesse quesito. Uma das perguntas mais realizadas em buscadores como o Google é "Como fazer para as pessoas gostarem mais de mim?", o que demonstra uma percepção clara da necessidade do afeto alheio e evidencia a própria responsabilidade nessa conquista.

As habilidades do futuro

> **PESSOAS QUE NÃO FAZEM MAIS QUESTÃO DE TER ENVOLVIMENTO SOCIAL**
>
> Esse grupo, no meu ponto de vista, é o mais preocupante. São pessoas que por motivos diversos apresentam menor interesse social, não fazem questão nenhuma de agradar o outro, gerar empatia ou o fazem somente em situações específicas. Isso pode ser decorrente de vários problemas clínicos, tais como depressão, formas de autismo, distúrbios peculiares de personalidade, entre outros. Também pode ser resultado de frustrações, decepções, *bullying*, além de exposições crônicas a estímulos que reforçam o individualismo, tal como excesso de tecnologia ou problemas familiares.

O limite entre esses dois grupos é bastante impreciso, já que muita gente utiliza o discurso de falta de interesse social para encobrir falta de ferramentas sociais ou mesmo uma ansiedade intensa, ou seja, como mecanismo de defesa. Seja como for, existe uma parcela muito importante da sociedade limitada pela dificuldade em exercer sua desenvoltura social, algo que prejudica a pessoa e seu perímetro, que é privado do convívio e das potenciais contribuições que essa pessoa poderia dar à sociedade.

O movimento precisa partir dos dois lados, com reconhecimento e abordagens individuais, além de mudanças na dinâmica social como um todo, com regras mais inclusivas, mais paciência, menos interações pasteurizadas e redução da crítica preconceituosa. O grau de exigência coletiva aliado ao comportamento pessoal aversivo gera uma comunidade distante, isolada, pouco integrada e mais doente.

10 DICAS PARA ESTIMULAR O CÉREBRO SOCIAL

1. Observe as pessoas e seu comportamento, treine seu termômetro para estimar o estado emocional de quem cruza seu caminho.
2. Valorize e exercite a comunicação não verbal, feita de forma natural e acolhedora.
3. Mostre ao outro que ele não é invisível, sinalize que percebeu sua presença.
4. Esteja disposto a iniciar e manter uma conversa.
5. Busque um ponto comum de interesse; a vida de todo mundo se cruza em algum aspecto.
6. Durante qualquer interação pessoal, trabalhe a capacidade de se colocar no lugar do outro.
7. O bom humor é o melhor catalisador social.
8. Elogie o outro com frequência, busque aspectos otimistas e faça críticas construtivas.
9. Trabalhe sua ansiedade e suas expectativas ao se ver em uma situação em que se sinta exposto.
10. Aceite a potencial imperfeição de toda relação humana.

O poder do autocuidado e a importância do egoísmo consciente

Aqui um ponto absolutamente crítico da vida moderna: o autocuidado. Quem aprende a se cuidar e a se proteger larga na frente no desafio da atualidade. O mundo vai sempre querer mais, melhor e mais rápido, assim é a dinâmica pautada no rendimento. Cabe a você estipular os limites e indicar as suas prioridades. Se deixar a vida seguir no modo automático, você será aspirado para dentro de um sistema que convence que produzir é sinal de saúde.

Não somos de nós dissociáveis. Caminharemos sempre dentro desta morada, nosso corpo, o invólucro da nossa mente, que será sempre o único sítio de transmissão da nossa vida. Quem não cuida de si não pode cuidar de nada, pois nada é mais intrínseco ao ser do que ele mesmo, não podendo ficar à mercê de agressões e abdicações sucessivas. Somos levados a crer que o sacrifício é algo nobre, pois os fins (alheios) justificariam os meios (a negação do nosso equilíbrio). Bobagem. Nas minhas palestras, quando falo sobre autocuidado, costumo citar uma frase popular que diz assim: "Farinha pouca, meu pirão primeiro!" Pode parecer um ato egoísta em um primeiro momento, mas na verdade é uma reflexão lógica de sobrevivência, um ato de benevolência para quem depende e gosta de você.

Entregamos melhor e por mais tempo assim que passamos a dar conta de nós mesmos. Não podemos ser bons profissionais, parceiros, pais, fiéis torcedores nem nada mais se não estivermos em plenitude cognitiva e emocional. Podemos dar conta do recado excessivo por um prazo finito, mas podemos ser ainda melhores se cumprirmos nosso dever de casa. E qual é esse dever? Ser prioridade. Sempre, em qualquer tempo ou contexto. A abdicação deve ser um engajamento eventual, um ato fora da curva, não uma rotina progressiva. Se tempo, dinheiro e energia são poucos, nosso pirão primeiro! Você precisa estar saudável e abastecido para a partir daí poder executar, da melhor forma possível, suas obrigações com os outros. Na prática, vamos fazendo concessões, entregamos aqui e ali, perdendo nossa essência e identidade. No malabarismo da vida moderna, rodamos os pratos dos outros – com boa intenção, claro!, mas derrubamos os nossos ou os deixamos jogados no canto. Eis que, adoecidos, não somos o suficiente para ninguém. Somos o elo de tudo que amamos, e a qualidade de nossa existência é um contaminante positivo dos nossos atos. Quer ajudar os outros? Comece por si mesmo.

Proponho uma rápida reflexão: quanto do seu dinheiro é aplicado efetivamente em você? Quanto do seu tempo diário é reservado para coisas que dizem respeito só aos seus interesses, que se voltam só para a sua saúde ou o seu gosto pessoal? Quantas prioridades passam na frente do seu autocuidado? Confesso que eu mesmo tenho até vergonha de responder. O altruísmo precisa ser filho do egoísmo, desse egoísmo saudável que faz a sua energia ser renovável. Você dará mais frutos e sombras se for uma planta regada, com raízes livres, bem nutrida e com espaço. O autocuidado é uma habilidade primária, sem a qual não vamos muito longe.

O conceito é amplo e envolve uma série de capacidades que podem ser mais bem desenvolvidas, por isso dividi-as nos tópicos a seguir.

Rédeas conscientes

Cuidar de si mesmo não é um ato passivo. Não basta ficar longe de vícios e toxinas, comer bem e fazer exercícios. Trata-se de sustentar suas válvulas de escape, analisar seu estado emocional, questionar o seu rendimento no dia a dia e monitorar a execução de seus projetos pessoais. Para isso, é necessário desligar o piloto automático, criar mecanismos de existência em meio aos papéis que você aceitou desempenhar por aí. Precisará brigar por sua autonomia e pela sobrevivência de seu universo pessoal, impedindo que ele seja fundido com aquilo que se espera de você. A verdade é que tendemos a nos tornar escravos da imagem que projetamos à sociedade, matando aos poucos nosso ser mais autêntico e essencial. Sempre parece que vai dar tempo de fazer o caminho de volta, mas, quanto mais esperamos, mais distantes e dissociados dessa nossa identidade ficamos.

Conhecimento de si

É muito difícil cuidar do que não conhecemos direito. Cada pessoa é de um jeito, tem limites, desejos, vulnerabilidades e uma história de vida. O autoconhecimento é a base da nossa proteção consciente, aquela que se faz de propósito, por querer. No ritmo acelerado da vida, é muito frequente a negligência com relação aos sinais do nosso corpo e da nossa mente. Como vimos nos capítulos anteriores, o organismo se manifesta, mostra sinais de toxicidade ambiental, cansaço, ansiedade e excessos, mas nem sempre damos ouvidos a tempo. Uma dor de cabeça esquisita, uma alteração de ritmo de sono, uma tensão muscular, uma alteração gastrointestinal recorrente, problemas de pele, enfim, muitos sintomas podem apontar para um desarranjo do organismo, que nem sempre é só físico. Da mesma forma, sintomas psíquicos e cognitivos também podem ser sinal de que algo não vai bem. Irritabilidade, mau humor, dificuldade na tomada de decisões, melancolia, desatenção, esquecimentos e compulsões, por exemplo, são fenômenos comuns de alerta de um cérebro próximo ao seu limite. Muita gente segue adiante a despeito desses avisos, tomando um comprimidinho aqui e ali, mas sabemos que são alívios transitórios.

Conhecer e escutar o próprio corpo não é tarefa fácil, até porque somos dinâmicos e sensíveis a uma série de questões crônicas e pontuais. Seja como for, não tem outra forma de viver a não ser levantar a guarda e marcar seu território de privacidade. O mundo entra com os dois pés na porta e pilha todos os seus recursos naturais; pode ser que deixe ali algum dinheiro para você, mas na maioria das vezes isso não compra saúde, memórias, nem a vida que deveria ter sido vivida no tempo certo.

Controle sobre a tecnologia

Nossa sociedade está profundamente infiltrada por tecnologia. É um tema que aparece muitas vezes nesta obra, e tem que ser assim mesmo. É inconcebível debater nosso equilíbrio mental sem questionar nossas vulnerabilidades diante da tecnologia e sem falar das formas de proteção que devemos buscar. Somos rodeados por algoritmos, vigiados e bombardeados por *marketing* direcionado, moldados por expectativas marteladas em redes sociais, sofremos uma regular e intensa influência de conceitos, estereótipos e formas ditas "certas" ou "erradas" de viver. Estamos presenciando uma profunda crise de julgamento, em que todo mundo aponta o erro de todo mundo sem reflexão, sem direito de defesa, sem ideia de contexto ou motivação, como se não tivéssemos todos um telhado de vidro.

As habilidades do futuro

Estamos tão habituados ao rastreamento da perfeição que não mais aceitamos nossa humanidade imperfeita. Fica difícil tolerar pessoas, elas não são regulares, não dá para desligá-las em um botão, elas pisam na bola, não são como os sonhos que os filtros das redes sociais mostram. Com isso, os relacionamentos reais não duram, as amizades se perdem com o tempo, as famílias se afastam ao balanço das demandas individuais. Do lado de cá da tela, falta dinheiro, as coisas não dão certo, aqui não se aceita tudo. No mundo da tecnologia, a lei é a velocidade, o prazer está logo ali; no mundo real, o prazer deve ser garimpado, o tempo tem seu compasso, é preciso esperar, ter paciência e resignação.

Envoltos constantemente com a tecnologia, preenchemos todo o nosso silêncio, os nossos momentos de reflexão e contemplação. Com o tempo, deixamos de tolerar o tédio, ficamos agoniados com a demora de uma resposta, padecemos tristes com a falta do que fazer. A paz vira uma estranha em uma mente criada na adrenalina e na dopamina, que não sabe mais se comportar envolta apenas de si, desaprendeu a esfriar, relaxar, revisitar memórias, reordenar pensamentos, planejar ou só respirar conscientemente e arrumar a casa interior. Vivemos ausentes de nós, em um mundo que valoriza o consumo, o padrão e o rendimento desenfreado, insustentável.

Muita gente sente mal-estar e ansiedade quando distantes da tecnologia, francos sintomas de abstinência. A quantidade de horas comprometidas com o uso do celular vem aumentando progressivamente no mundo todo, de forma cada vez mais precoce e preocupante. A habilidade de se proteger da tecnologia compulsiva fará toda a diferença na nossa sociedade. Quem conseguir dominar a ferramenta, sem ser escravizado por ela, terá uma vantagem importante. Para isso, precisamos definir critérios e momentos de plena desconexão, exercitando com regularidade e frequência a capacidade de estarmos plenos e inteiros em uma só tarefa ou até mesmo em nenhuma, só em contemplação.

Autoestima

Muito do nosso rendimento nasce da opinião que temos de nós mesmos, pelo que achamos que somos capazes de fazer. Sentir-se confiante é um passo fundamental de qualquer enfrentamento. O conceito subjetivo de autoestima passa por um cálculo de valor pessoal. Quanto vale minha presença, minha companhia e meu engajamento? Apesar da tentação, esse valor não pode ser calculado financeiramente. Nosso valor pessoal é fruto de nossas ferramentas, de nossa habilidade, da nossa história e principalmente da nossa capacidade de gostar de nós mesmos.

É muito complicado viver sem a própria aceitação, pois seremos nossa companhia pela vida toda e teremos que nos suportar. É estranho falar assim, mas é a verdade. Precisamos criar meios para nos apaixonarmos por nós mesmos. Nossa sociedade é absolutamente cruel nesse quesito, pois pretende impor seus critérios de valorização, de fora para dentro. Com estigmas de sucesso, beleza e preconceitos profundos e marcantes, ela nos desvaloriza aos nossos olhos, nos apequenando dentro da nossa característica humana, para, depois do grande golpe, vender seus amplificadores de autoestima.

A missão de se gostar é uma arte dinâmica. Primeiro, você terá que fazer por merecer essa paixão. Não acredito em um processo automático, na obrigação de se amar sem mais nem menos, que todos são perfeitos do jeito que são e tal. Da mesma forma que você busca fazer com que outra pessoa goste de você, também precisa se empenhar na conquista do amor-próprio. Para ter orgulho de quem se tornou, é necessário fazer mais as coisas que você faz bem, é preciso destacar e esbanjar para si mesmo suas qualidades, buscando sempre evoluir com a consciência e eventual redução dos seus defeitos, se aproximando continuamente daquilo que você almeja alcançar. É fundamental se livrar de seus preconceitos, buscando referências e influências que valorizem suas características, seu jeito de ser, agir e pensar. Perceba que o processo não é automático, passa por ações e reflexões que culminam em liberdade e prazer de ser o que se é. A opinião externa precisa ser levada em consideração, claro, mas com ressalvas. O primeiro compromisso é com a sua imagem interna, com as ações que o tornem melhor a cada dia, com a ética, a inteligência, o cuidado pessoal e as conquistas dentro do seu espectro de interesse. É claro que o reconhecimento externo é importante, como reforço, mas precisamos questionar a qualidade de uma demanda que não vem de dentro de nós.

No mundo empresarial, o valor aproximado de uma empresa é chamado em inglês de *valuation*. Esse processo de precificação leva em conta fatores objetivos e subjetivos de valoração. Trata-se de uma estimativa que oscila, a depender dos números e do contexto geral do posicionamento da empresa no mercado. Nossa autoestima é uma composição parecida, que oscila a depender do nosso rendimento e do contexto geral em que vivemos. É muito importante vigiá-la, pois uma queda nessa autovaloração é sinal de que algo precisa ser feito para recuperar nossa confiança e valor pessoal. Algumas doenças apresentam-se com redução patológica de autoestima, como depressão, formas de ansiedade e esgotamento profissional, e essa redução pode ser indício de que algo precisa ser mais bem gerenciado.

Na maioria das vezes, a baixa autoestima é fruto de expectativas pouco realistas ou de vivências frustrantes, por conta de rejeição, baixo protagonismo ou invisibilidade. O caminho de volta passa por reconhecimento e enfrentamento, com mudanças dos parâmetros modificáveis, reforço positivo e resiliência com relação aos parâmetros desfavoráveis estanques, que compõem toda condição humana. O auxílio psicológico pode ser muito útil em alguns casos. Costumamos nos orgulhar ao caminhar claramente em direção àquilo que almejarmos ser, sendo um ótimo começo nessa reconstrução. Autoestima é indissociável do autocuidado. Cuidar de si é se valorizar, colocando-se na vida como item perecível, insubstituível, raro e valioso.

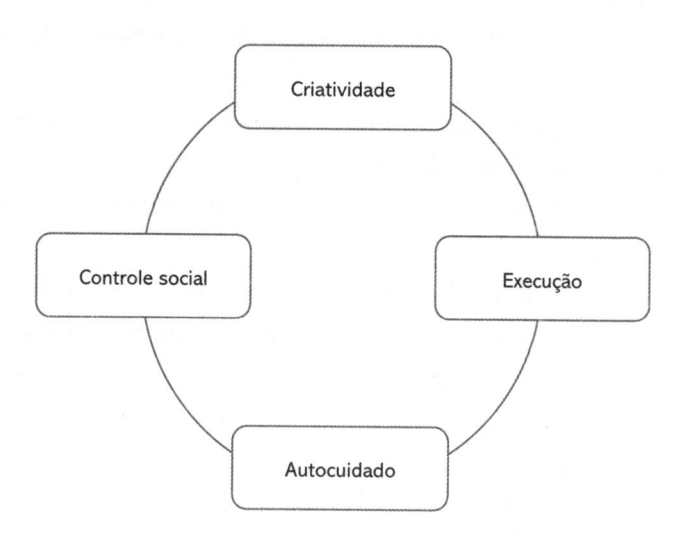

Os 4 poderes para a modernidade

As habilidades do futuro

Neste capítulo, apontamos algumas reflexões e *insights* acerca de habilidades que, a meu ver, são de grande importância para cada ser humano. O acúmulo de conteúdo é hoje um domínio público de fácil acesso, mas habilidades crônicas e bem desenvolvidas podem criar um diferencial relevante nessa nossa realidade competitiva e avassaladora, em que princípios socioeconômicos questionáveis suplantam as necessidades individuais básicas, consumindo a única força capaz de construir uma sociedade mais saudável: a nossa energia mental.

Elegi quatro habilidades que se arborizam em muitas outras, e tenho clareza de que ficaram outras tantas de fora. Optei por explorar a força criativa, o poder de executar, o controle social e o autocuidado, pois creio que são os principais pontos fracos de um cérebro primitivo que caiu de paraquedas na contemporaneidade. Desenvolver esses poderes é uma questão de sobrevivência.

Os novos desafios do cérebro

> **PONTOS IMPORTANTES DESTE CAPÍTULO**
>
> - O mundo como se apresenta hoje exige o desenvolvimento de certas habilidades mentais.
> - A criatividade é uma modalidade cerebral preciosa, que necessita de contexto adequado para se desenvolver.
> - A capacidade de executar ideias é um forte determinante do seu rendimento, sendo a procrastinação um inimigo frequente.
> - O desenvolvimento social é fundamental para influenciar e criar redes a partir da liderança.
> - O autocuidado é uma habilidade que precisa ser incentivada, ensinada e reconhecida como uma qualidade pessoal incalculável na modernidade.

CONSIDERAÇÕES FINAIS

Meu querido leitor, iniciamos aqui nosso último capítulo nessa caminhada. Apresentamos os diversos desafios que nos fazem adoecer e perder rendimento, sempre contextualizados com os fenômenos modernos de exigência, privações, evoluções tecnológicas, desgaste das relações humanas etc. Nesta reta final, gostaria de fazer um apanhado desta obra e deixar alguns pontos para nossa reflexão.

Nessa trajetória acerca dos desafios do cérebro, deu para perceber que nem todos são novos, e sim clássicos da humanidade com trajes mais atuais. Outra questão que considero fundamental apontar é que nem todos ocorrem por expressão isolada dos agressores modernos. Temos um cérebro suscetível envolvo em um contexto peculiar, e a junção desses fatores é a verdadeira origem de disfunções como a ansiedade patológica, a insônia, o burnout, a depressão, a desatenção, a falta de criatividade, a dependência, entre muitos outros problemas dessa ordem. Por isso, nosso papo começou por entender o funcionamento do cérebro e por uma breve e acelerada história sobre sua evolução. Além de um aquecimento temático, busquei correlacionar o funcionamento do cérebro aos seus desafios atuais, pois também é uma vítima da transformação que ele mesmo motivou no mundo, que acelerou a transição das regras em uma velocidade muito além de sua capacidade biológica de adaptação.

Isso traz a culpa um pouco para o nosso colo. Se deixarmos o ritmo do mundo e as demandas dos robôs ditarem nossa realidade, estaremos perdidos. Precisamos de engajamento consciente e comportamentos de proteção variáveis, pois padecemos por alguns padrões reconhecíveis de doenças da linha da saúde mental. Praguejar ao vento que o mundo não tem ajudado não resolve o problema de ninguém, precisamos aliar execução com autoproteção. Precisamos esticar os cobertores, vetar o desperdício e canalizar os recursos finitos para aquilo que trará automação e frutos, nem sempre mensuráveis aos critérios do capitalismo.

Procurei variar nossa visão, ora nos colocando no papel do agredido, ora no do agressor, pois assim é o ciclo da sociedade, somos resultado do que propagamos. Somos agentes do esgotamento alheio, privamos o outro de ferramentas de enfrentamento, somos daltônicos ao estado emocional dos que cruzam nosso caminho, não partilhamos nosso tempo, julgamos sem dó, não toleramos o erro, temos uma empatia parcial, carregada dos nossos princípios e das nossas influências. Não fazemos por dolo, mas praticamos delitos culposos, somos treinados a agir assim, e assim somos tratados também.

Claro que devem existir exceções, mas não sou uma delas. Preciso me policiar constantemente para ter flexibilidade e ver o outro como um humano criativo, peculiar e falho. Um mundo tão rápido, perfeito e binário (tudo ou nada, certo ou errado, fruto da informatização) não consegue mais compreender

Considerações finais

o tempo da humanidade, suas demandas, suas decisões espectrais, seus medos e suas dúvidas. Com gente é diferente (como diria Geraldo Vandré na canção "Disparada", de 1966), tem compaixão, emoções, frustrações, incertezas. Pessoas precisam de atividades multissensoriais, precisam de conforto para um processamento adequado.

Nossa sociedade nos faz híbridos. Conseguimos dar um tapa na nossa humanidade, escondemos, disfarçamos, fingimos que podemos trabalhar com uma máquina, postar como um modelo, sorrir como se estivéssemos sempre felizes e nos relacionar como se a vida fosse um grande encontro de elevador. Isso é tão complicado que custa um preço. Perder a humanidade e abdicar das demandas inerentes à nossa biologia geram falhas em nossos sensores, falhas que se tornam doenças. Ao perder o senso de urgência e risco, estamos patologicamente ansiosos; ao perder o sensor do prazer e da recompensa, estamos depressivos; se nos apaixonamos ciclicamente por um comportamento vazio, é compulsão; se violamos nossos ciclos, insônia e fadiga na certa; se morremos de tanto trabalhar, é o burnout que nos mata. Como é complicado cuidar do cérebro!

A forma de adoecer varia, e nossos cromossomos têm muito a ver com isso. O limiar também é diferente. Seja como for, muitas formas de perda de rendimento são mais fruto do excesso de enfrentamento do que falta dele, não são sinais de fraqueza, mas talvez fadiga pelo travamento de conflitos de longo prazo.

Nesta obra, busquei dar alguns conselhos e dicas, mas tenho ciência de que a maioria das coisas não se resolve assim. Eu mesmo tenho buscado minhas equações de vida, mas às vezes elas não fecham. É preciso confiar mais nos conceitos que permeiam a abordagem individual e abrangente dos problemas do que em soluções milagrosas. Para isso, é preciso ter um elevado grau de resignação, para entender que há uma grande quantidade de processos que não conseguiremos mudar. Vamos escolher quais batalhas valem a pena se travadas e em que momento.

Mas será que temos que abdicar da modernidade? Devemos recuar no tempo e viver como antigamente? Minha resposta é não. Não acredito em um caminho de volta. Na verdade, o que precisamos é de um novo caminho de ida. Precisamos deixar a modernidade para trás e ser ultramodernos, almejar um tempo adiante do nosso, um tempo que valoriza o cérebro como o ativo mais nobre e raro que temos. A evolução precisa nos levar a um lugar diferente e melhor, porque ninguém ganha com desatenção, burnout ou depressão. Se todos perdem, a lógica é evoluirmos para algo mais equilibrado. Otimismo? Talvez. Mas acredito que precisaremos sempre e cada vez mais de cérebros pensantes, funcionando em alto nível e com capacidade de criação. Mentes flexíveis, que sejam capazes de dominar a tecnologia, e não sejam substituídas ou escravizadas por ela. Temos visto um grande movimento em prol da saúde mental, com alicerces na prevenção e no conceito de salubridade e sustentabilidade. É algo que pode tomar corpo e contagiar o mundo. Se um vírus toma o globo em poucas semanas, o que dizer de uma ideia, capaz de transitar sem vetores presenciais?

Este livro não é um manual, longe disso. O conteúdo que apresentei aqui precisará ser desconstruído e reconstruído na mente de cada um, de um jeito que faça sentido para cada um. Não podemos ficar com a impressão de que estamos em uma sinuca, sem saída, com a sensação de que "se correr o bicho pega e se ficar o bicho come", como dizem. Temos tudo o que é necessário para reorganizar nossa vida e viver com mais qualidade.

Considerações finais

Nossa realidade será conquistada por aqueles que compreenderem as novas demandas, que conseguirem se esquivar dos velhos hábitos e forem capazes de criar para si um sistema de existência dinâmico e ajustável, não travado, estanque e imutável.

Vejo muita gente empenhando a mente no limite, sem folga, sem reservas funcionais, sem a possibilidade e a saúde necessárias para garantir alguma flexibilidade. O futuro será de cérebros que fizerem aquilo que máquinas não fazem, que resistirem à robotização e mantiverem a empatia, a criatividade, a intuição, habilidades plenamente biológicas. O futuro será daqueles capazes de escapar da dependência tecnológica, mantendo um certo domínio de suas ferramentas digitais. Daqueles capazes de dizer não, de não aceitar ritmos e condições alheias à sua capacidade individual, prezando por seu direito de escolher, sua autonomia e privacidade, necessidade de humanos. Será de quem conseguir se relacionar e se comunicar, bancando pensamentos e sustentando argumentações. Quem não for capaz de sobreviver às críticas, separando as qualificadas das não qualificadas, terá dificuldades. O destino reserva um lugar ao sol aos cérebros que conhecem a si mesmo, atentos aos próprios sentimentos e reações, que buscam solucionar problemas individuais quando ainda estão no começo, colocando os bois na frente da carroça, como deve ser. O futuro promete ainda mais para quem conseguir propagar emoções positivas, para quem se cercar de outros cérebros saudáveis, em posse de toda a sua humanidade, que oscila, fraqueja, erra, e que faz do erro seu treinamento, seu aprendizado e sua evolução.

Discutimos nesta obra inúmeros desafios: falta de tempo, multitarefa, atenção não consciente, ambientes inadequados, relações tóxicas, comportamentos cíclicos e compulsivos, domínio tecnológico, excesso de trabalho, desrespeito aos ciclos biológicos, ansiedade desmedida, disfunções de autoestima, processos depressivos, esgotamento mental, falta de gerenciamento de tempo, abdicação do autocuidado, pasteurização de ensino e estilo de vida, conflitos de expectativas, procrastinação... ufa! Foi bastante coisa.

Mas acredito que o maior desafio do nosso cérebro é... o próprio cérebro. No afã do rendimento e na crença de que o estresse é passageiro, entregamos tudo, esperamos do futuro um alento que nos escapa constantemente. Não nos ensinaram a poupar energia, a esconder o ouro, a cuidar do nosso órgão mais precioso. Não nos ensinaram a ser diferentes, a nos orgulhar de nossa humanidade, a guardar na despensa da vida uma reserva que garanta a nossa flexibilidade e o nosso poder de decisão, não nos ensinaram a nos ancorar conscientemente no presente, a nos proteger das telas e de toda a fantasia do sistema de recompensa do mundo digital, não nos ensinaram a perder, a sofrer, a nos acostumar com a tristeza, com o silêncio e mesmo alguma quantidade de ócio reparador.

Todo poder de executar é filho do seu poder de se reparar, de se renovar, e produzir qualitativamente melhor, por longo prazo, sem envelhecer no ofício, mas se rejuvenescendo nele para quando o mundo mudar estarmos aptos a nos transformar com ele ou a resistir bravamente, pois nem toda mudança se faz na direção que queremos. É preciso que ainda sobre uma energiazinha para a gente transmitir esse legado ao próximo, de mente em mente, fazendo dessa sociedade algo mais justo, cooperativo, ético, inclusivo e humano.

Já tive muita dificuldade de terminar um livro. Ficava com a sensação de que poderia ter falado mais e melhor, de que dava para ter contextualizado com mais intensidade, explicado com mais detalhes, feito mais um ou dois capítulos, sei lá. Mas isso passou, porque percebi que um livro não acaba, ele segue e se arboriza mesmo depois de pronto. Vira reflexões, outros materiais, modos de falar, pensar, e segue sua maturação na mão do leitor, que é o grande fermento literário. O livro é como um bolo que colocamos para assar no forno da sociedade; após um tempo, ele cresce, fica vistoso, seu aroma alcança muito mais gente do que só quem o preparou, seguindo sua vocação de alimento da alma.

Obrigado por sua presença aqui, espero ter retribuído sua atenção com o melhor de mim e que você se sinta mais informado, preparado e confiante para seguir seu caminho daqui em diante. Guarde os conceitos que mais fizeram sentido em um cantinho especial da sua mente, debata, discuta, amplifique, implemente mudanças, seja um agente propagador da saúde mental. Nosso mundo precisa, e muito, de novos amigos do cérebro.

AGRADECIMENTOS

Este é o meu quarto livro, mas teve um sabor todo especial, diferente dos outros. Primeiro, por ser um apanhado de temas que abordo em entrevistas, artigos, palestras, no consultório ou em bate-papos por aí. É um assunto mais abrangente, que me permitiu costurar conceitos tratados de forma mais segmentada nas obras anteriores. Foi uma experiência diferente, uma revisita a toda minha carreira, sob outra óptica, uma conversa curiosa com meus primeiros livros. Além disso, este novo material foi redigido em uma fase especial e delicada da minha vida, com uma carga emocional peculiar, e serviu como ponto de apoio, companhia, distração e principalmente manutenção da minha autonomia e autoconfiança.

Talvez alguns de vocês já saibam que tenho prótese bilateral de quadril desde os 14 anos, resultado de um processo iniciado aos 9 anos, decorrente de um tipo raro e disseminado de tuberculose. A despeito de alguma limitação física inerente à presença das próteses, sempre levei uma vida bem próxima da normalidade. No exato dia em que abri meu *notebook* para iniciar as primeiras linhas desta obra, quis o destino que eu sofresse um delicado acidente doméstico: escorreguei na sala de casa e caí de mau jeito, fraturando a perna direita na altura da coxa e no joelho, logo abaixo da prótese. Encaminhado ao hospital, passei por uma cirurgia bem-sucedida, mas o processo de recuperação é longo, ainda mais por conta da minha condição ortopédica anterior. Mas por que estou contando isso? Porque este livro é indivisível deste autor, e este autor precisa agradecer imensamente a todos os anjos que o ajudaram nesse momento de medo, dor e limitação, viabilizando o nascimento desta obra.

Escrevi este livro inteiramente sentado em uma cadeira de rodas, com a perna direita esticada. A cadeira foi presente de um casal de amigos queridos, Jerson e Mara, que gentilmente enviaram um técnico e escolheram uma cadeira de acordo com minhas necessidades e restrições, tornando viável e muito mais confortável meu processo de escrita e reabilitação. Para eles, segue o meu primeiro agradecimento.

Como tenho sorte nessa vida! Cercado de gente do bem, tenho colhido diariamente o carinho de todos, como se houvesse um patrimônio afetivo a ser resgatado em momentos assim, de maior vulnerabilidade. Não foram dias fáceis, claro, mas me dedicar a escrever focou minha mente na direção correta, na espera paciente da cicatrização e retorno da mobilidade. Acredite, meu amigo leitor, semanas é pouco tempo para um osso, mas muito para a cabeça.

Quero agradecer à equipe do Hospital Samaritano de São Paulo, desde a nutrição, limpeza, hospitalidade e enfermagem, até os médicos e fisioterapeutas. Do resgate domiciliar à alta hospitalar, foram oito dias, e o hospital foi o palco das primeiras linhas deste livro. Agradeço a todos. O talento, o treinamento e

Agradecimentos

a vocação de vocês foram impressionantes, vocês fizeram muito mais do que a obrigação. Gratidão é pouco, vocês têm a minha amizade para sempre.

Obrigado aos milhares de pessoas que mandaram mensagens de apoio e solidariedade. Veio amor por todos os lados, via redes sociais, pelo celular, com visitas, presentes e orações. Um agradecimento especial à equipe da Procuradoria Regional da Fazenda Nacional da 3ª Região, que foi ao hospital e me entregou inúmeras cartinhas e recados com mensagens de carinho e incentivo assinadas pelos servidores, desejando minha pronta recuperação. Tínhamos feito uma palestra sobre saúde mental semanas antes do ocorrido, o que mostra que o vínculo do bem é crescente e bilateral. O ato me emocionou muito e foi decisivo na iniciativa da minha retomada na produção de conteúdo.

À Editora Alaúde, que confiou mais uma vez no meu trabalho como autor e viabilizou a produção, lançamento e distribuição deste meu novo material, meu muito obrigado. É nosso quarto projeto juntos, todos realizados com respeito mútuo, profissionalismo e uma franca cooperação. Obrigado pela liberdade criativa e pelo suporte da concepção da obra à sua finalização. Um agradecimento especial à Bia Nunes de Sousa, editora-chefe deste projeto, uma mulher inteligente, versada e disposta a entregar sempre o melhor em cada trabalho. Muito desta obra evoluiu de nossas conversas, debates e ações de campo, uma vez que seguimos criando conteúdos, nos inspirando e promovendo ações mesmo entre as publicações. Muito obrigado por tratar este material com prioridade, protagonismo e interesse, fico feliz que meu conteúdo tenha ficado novamente nas mãos da Bia e da Alaúde.

Agradeço à equipe do programa *Mulheres*, da TV Gazeta, que sempre acolheu meu trabalho, abrindo as portas para o debate sobre questões inerentes à neurologia e saúde mental na televisão. Sinto-me honrado de fazer parte do time de colaboradores fixos nos últimos oito anos e tenho profundo apreço e gratidão aos profissionais que tornam esse programa possível. Minha carreira se divide em antes e depois da exposição regular no programa, e há uma evidente amplificação na mensagem e no conteúdo que procuro trazer também nas minhas obras autorais. Destaco aqui a relevância de pessoas como a produtora Letícia Dongo, o diretor Ocimar de Castro, a apresentadora Regina Volpato e a diretora artística Marinês Rodrigues, sem jamais esquecer todos os que trabalharam comigo em todos esses anos de emissora.

Agradeço à minha secretária, Débora, que coordena meu consultório e minha agenda nos últimos anos. Figura certa neste rol de agradecimentos, sem ela seria impossível qualquer tentativa de escrever um livro. Tenho profunda gratidão por seu trabalho e dedicação, total confiança em seu perfil ético e muito orgulho em ser seu colega de trabalho.

Por fim e mais importante, gostaria de agradecer e dedicar esta obra à minha família, meu centro afetivo e minha fonte de inspiração, motivação e apoio.

Minha filha Luiza, de 8 anos, tem sido uma parceira incrível, divertida, inteligente, minha principal fonte de entusiasmo. Nela tenho meu maior desafio pessoal. Na tentativa de ser um bom exemplo, acabo sendo um pouco melhor para mim. Filha, você me renova, me desafia e me confronta com medos que sem você não existiriam, me forçando à contínua adaptação, transformação e aprendizado. Você é incrível, queria ser como você quando eu for mais novo. Ah, e obrigado por calçar minhas meias todas as manhãs desde que me acidentei. Te amo!

Agradecimentos

Já minha filhota de 2 anos, Alice, foi sem dúvida a pessoa que mais atrapalhou a realização deste material. Mesmo assim, preciso deixar aqui minha gratidão. Filha, você é o amor correndo em duas pernas pela casa. Seu carisma e sua afetividade transformam este neurologista chato em uma pessoa melhor, sua energia contagiante reequilibra o ambiente, você é meu pedacinho agitado, imaturo e maluco da vida. Adoro ser seu pai.

E minha esposa, Carina, a grande companheira dessa minha jornada. São 17 anos de uma amorosa parceria, repartindo sonhos, problemas e cafés. É sempre ela que está lá, quando loto o Teatro Eva Herz em um lançamento ou quando espatifo o fêmur no chão. É em busca dela que meus olhos se lançam atrás da crítica ou da aprovação. Tenho muito orgulho das nossas memórias conquistadas, da nossa reciprocidade afetiva, das nossas meninas, do nosso dia a dia. Você é um grande exemplo para todos que te rodeiam, uma ilha de ética, força e autenticidade nesse mundo hoje tão complicado. Nunca esqueça o quanto eu amo você!

A todos, meus antigos e novos leitores, meu muito obrigado.

Leandro Teles

SOBRE O AUTOR

Leandro Teles é médico neurologista formado pela Faculdade de Medicina da Universidade de São Paulo (FMUSP) em 2006. Cursou sua especialização em neurologia clínica no Hospital das Clínicas da Faculdade de Medicina da Universidade de São Paulo (HC-FMUSP), entre 2007 e 2010. Foi preceptor do departamento de neurologia do HC-FMUSP entre os anos de 2011 e 2013, tendo ministrado mais de cem aulas para o curso de Medicina da USP, sendo homenageado pelos formandos em 2012. Ao lado de sua atividade assistencial, prestou consultoria na área de saúde para diversos meios de comunicação, como TVs, jornais, revistas e *sites* especializados. É colaborador fixo no programa *Mulheres*, da TV Gazeta, no qual aborda temas de neurologia e neuropsiquiatria desde 2012. É membro efetivo da Academia Brasileira de Neurologia (ABN) e autor dos livros *Antes que eu me esqueça* (2016), *O cérebro ansioso* (2018) e *Depressão não é fraqueza* (2019), todos publicados pela Editora Alaúde.

Site: www.leandroteles.com.br
Instagram: @neuroleandroteles
Facebook: /Neurologista Leandro Teles
YouTube: Neurologista Leandro Teles